國譯 鶴川先生遺集

학 천 선 생 유 집

박 승 지음
류영하 옮김

韓國國學振興院

역자소개

류영하 柳寧夏

1966년 서울대학교 법학대학을 졸업하고 금융계에 오랫동안 종사하였다. 틈틈이 한문을 공부하였고, 한국고전번역원에서 경전을 수학하였다. 현재는 한문 번역과 강의를 하며, 한국국학진흥원 번역전문위원으로 있다.

國譯 鶴川先生遺集

인 쇄 2012년 11월 20일
발 행 2012년 11월 30일

발행인 김 병 일
발행처 한국국학진흥원
기 획 한국국학진흥원 고전국역실

주 소 경북 안동시 도산면 퇴계로 1997
전화번호 054-851-0700·0754
팩시밀리 054-851-0759
Homepage http://www.koreastudy.or.kr
E-mail master@koreastudy.or.kr
출판등록 2002년 3월 18일

편집·제작 도서출판 성심
전화번호 054 - 857 - 8051
팩시밀리 054 - 841 - 8051

ISBN 978-89-6178-142-8 94810
978-89-6178-098-8 (세트)

정가 20,000원

본 도서는 경상북도 영남선현문집번역사업비의 지원으로 발간되었습니다.

‖ 일러두기 ‖

1. 이 번역본은 『鶴川先生遺集』(초간 석판본 1책 2권)을 저본으로 하였다.
2. 본문에 표시된 연도와 월일은 모두 음력이다.
3. 한글 전용을 원칙으로 하였지만, 한자漢字가 필요하다고 판단될 경우에 한자를 병기倂記하였다. 단, 같은 단어가 인접해서 두 번 이상 나오는 경우에는 이후의 한자를 생략하였다.
4. 시詩의 경우 오른쪽에 원문을 부기하고, 각주에서는 한자를 생략하였다.
5. 각주의 한자 표기는 괄호쓰기를 원칙으로 하였지만, 경우에 따라서 원문을 그대로 표현하기도 하였다.
6. 한자 가운데 한글과 음이 다른 표현은 대괄호 [ ]로 표기하였다.
7. 관직명의 경우 여러 관직을 중임하였을 때, 한글은 관직에 따라 띄어쓰고 한문은 붙였다.
8. 본서의 원문은 말미에 영인影印으로 수록하였다.
9. 본서에서 사용된 부호와 그 의미는 다음과 같다.
   - 『 』 : 책명
   - 「 」 : 편명
   - " " : 인용문이나 대화체
   - ' ' : 장·절명 또는 중요한 표현이나 간접 인용문
   - [ ] : 한자와 음이 다른 한글 또는 표현
   - · : 병렬형 단어의 중간 표시
   - …… : 중간 생략문

목차

학천선생유집 제2권

학천선생유집
鶴川先生遺集

해제

▶ 류영하

| 해제 |

국역 『학천선생유집』 해제

*류영하

1. 서론序論

이 책은 16세기 영남 의성현義城縣의 성리학자性理學者이자 향촌사회의 개혁자인 학천鶴川 박승朴承의 『학천선생유집鶴川先生遺集』(이하 『유집遺集』이라 간칭한다.)을 번역한 것이다. 이 책의 번역 대본은 1947년에 간행된 초간본이다.

학천 박승은 회재晦齋 이언적李彦迪의 처종질妻從姪로 회재선생에게 직접 배웠다. 그는 의성 가음佳音에 세거하는 함양 박씨咸陽朴氏 학천공파鶴川公派의 파조派祖이다. 박승은 향리에 우거하면서 학문과 농업의 진흥·향약 실시 등 민생을 향상시키고자 큰 노력을 기울였다. 그가 남긴 글은 상당수 있었을 것이라 추측되나, 그가 서거한 후 얼마 되지 않아 임진왜란壬辰倭亂이 발발하였고, 그가 평생 남긴 저서와 행적에 관련된 글들이 병란에 소실되었다. 이것이 그가 그 동안 세상에 알려지지 못한 이유이다. 허나 그가 세상을 떠났을 때 사람들이 "명사明師가 운명하셨다."·"활불活佛이 돌아가셨다."고 애통해 하였고, 후학들은 '문의선생文義先生'이라 사시私謚를 올렸다. 이것으로 보아 그는 학문적으로 존경 받는 스승이자 향촌 사회에 큰 기여를 한 재지 사족在地士族임을 알 수 있다. 그는 당시 의성 지역을 대표하는 성리학자였다. 그는 실사구시實事求是의 학풍을 지니고 구체적인 실천을 지향하였으며,

---

* 한국국학진흥원 번역전문위원

향촌의 풍속 교화를 적극적으로 주도하고 봉사하였다.

본고에서는 먼저 학천 박승의 생애와 학문을 『유집』에 실린 글을 중심으로 살펴보고자 한다. 그리고 다음으로 『유집』의 간행 과정과 내용에 대하여 간략하게 소개하고자 한다. 본 번역서가 출간됨으로서 박승의 생애와 사우관계, 개혁성 짙은 흥농興農·향약鄕約·진휼賑恤 사업이 학계에 소개될 것이다. 필자는 이러한 정보들이 관련 학계에 알려져 여러 분야의 연구 활동에 참조될 수 있기를 기대하여 본다.

2. 학천 박승의 생애와 학문

1) 가계家系

박승朴承은 본관이 함양咸陽, 자는 찬지纘之, 호는 학천鶴川이다. 아버지는 정릉 참봉貞陵參奉을 지낸 빙암氷巖 박경신朴景信이고, 어머니는 동래 정씨東萊鄭氏 감찰監察 기琦의 따님이다. 박승은 1520년(중종 15) 2월 12일 의성 가음佳音 토현리土峴里 본가에서 태어났다.

함양 박씨의 시조는 신라 왕자王子 속함대군速咸大君으로 속함速咸을 봉지로 받아 이를 관향으로 삼았다. 속함은 바로 지금의 함양咸陽이다. 속함대군의 후예 가운데 박선朴善은 고려시대 문과文科에 급제하여 고려 조정에 진출하였다. 그는 예부 상서禮部尙書와 추밀원사樞密院事를 지냈다. 4대를 거쳐 박신유朴臣蕤는 문과에 급제하여 판이부 상서判吏部尙書와 추밀원사를 지냈다. 그리고 그의 아들 박지량朴之亮은 문과에 급제하여 금자광록대부金紫光祿大夫 판삼사사判三司事를 역임하고, 왜적倭賊을 토벌한 공으로 왕王이 금패인金牌印을 내리고 함양군咸陽君에 봉하였다. 또 지원至元 연간에 공이 있어서 원元나라 황제皇帝가 금부金符를 하사하였고, 만부장萬夫將에 제수하였다. 그 아들 박종朴琮은 관직이 중랑장中郎將이었는데, 이 분이 안의安義로부터 의성으로 이거한 입향조入鄕祖이다.(『문소지聞昭誌』에는 박지량 때 의성으로 입향하였다고 되어 있다.)

4대를 거쳐 박성양朴成陽에 이르렀는데, 박성양은 학천의 고조부高祖父이며 호는 금은琴隱으로, 포은圃隱 정몽주鄭夢周의 제자였다. 박성양은 포은이 선죽교善竹橋에서 피살되자, 세상에의 뜻을 접고 산수를 벗 삼아 은거하였다. 태조太祖는 그가 문무文武의 재능이 있음을 알고 여러 차례 불러 등용하려 하였으나, 그는 부름에 나아가지 않았다. 그러다 남쪽 변방에 왜적의 침입으로 환란이 발생하고 조정에서 이를 대처하기 위해 인재를 구할 때, 조정은 그를 원수元帥의 직책으로 천거하였다. 그는 이때 나라를 위하여 부득이 출사出仕하였다. 그는 네 임금을 섬겼고 관직이 이조 참판吏曹參判에 이르렀으며, 시호諡號가 정헌定憲으로 국초國初의 명현名賢으로 존경받았다.

박승의 조부祖父인 박유부朴有阜는 문과에 급제하여 관직이 사직司直이었으며, '문소팔부聞韶八阜'(이름에 '부阜'자가 들어간 8형제)라고 칭송을 받던 형제의 맏이였다. 다섯째인 안부安阜는 사위가 앙재盎齋 최숙생崔淑生이며, 여섯째인 숭부崇阜는 사위가 회재晦齋 이언적李彥迪이다. 박승의 아버지 박경신朴景信은 6형제의 다섯째로 태어나 정릉 참봉貞陵參奉을 지냈고, 종매부從妹夫인 회재 이언적과 도의道義로써 사귀었다. 어머니는 영인令人 동래 정씨로서, 감찰監察 벼슬을 한 기琦의 딸인데, 인숙仁淑하고 정정貞靜하여 옛 강원姜嫄의 덕성을 갖춘 분이었다.

학천 박승은 5형제의 막내아들로 태어났다. 그의 백형伯兄 박홍朴弘과 중형仲兄 박등朴登은 모두 참봉 벼슬을 역임하여 집안에 벼슬이 끊어지지 않고 있었다. 그가 태어날 때 아버지의 태몽胎夢에 옛 후직后稷이 찾아오는 일이 있었다고 한다.

박승은 진사進士 우암牛巖 이세헌李世憲의 딸 영천 이씨永川李氏를 부인으로 맞이하였다. 영천 이씨는 의성 가음면 산운리山雲里에 세거하는 대성大姓으로, 그의 처질妻姪이 학동鶴洞 이광준李光俊이다. 그는 세 아들을 두었는데, 맏이 광춘光春은 사복시 정司僕寺正으로 임진왜란에 순국殉國하였으며 호조 참판戶曹參判에 증직贈職되었고, 둘째 응춘應春은 의금부 도사義禁府都事를 지냈으며(『세보世譜』에는 판사判事를 지냈다고 되어 있다.), 셋째 영춘榮春은 판사判事였는데, 임진왜란 때 의병을 일으켜 왜군과 싸워 호조 참의戶曹參議에 증직되었으며, 『숭현록崇賢錄』에 기록되어 있다.

이상을 통하여 살펴볼 때, 학천의 8대조 박종이 의성으로 이거한 이래 의성 지방에 뿌리를 내리게 되었으며, 특히 고조부 박성양은 문무에 모두 뛰어나 의성 지방 출신 위인의 한 사람으로 추앙 받고 있다. 그 손자 8형제가 다 문명文名이 있어서 문소팔부聞韶八阜라고 일컬어졌으며, 그들의 사위인 앙재 최숙생과 회재 이언적(학천에게는 종고모부가 된다.)은 모두 조선 중기에 학문과 정치에서 뚜렷한 발자취를 남기신 분들이다. 학천의 집안은 선대부터 자손에 이르기까지 벼슬이 끊이지 않았으며, 문과에 급제한 사람도 속출하여 의성 지방의 명문 재지사족在地士族 가문이었다.

2) 학문學問

학천 박승은 집안의 가풍에 따라 어릴 때부터 유학儒學의 필수과목들인 『효경孝經』·『논어論語』·『대학大學』·『중용中庸』·『상서尙書』 등을 공부하였으며, 세 살 아래 조카인 장춘長春과 함께 글방에서 지내며 서로를 계발啓發하였다.

학천은 16세 때 옥산玉山으로 가서 종고모부인 회재선생에게 잠시 수학修學하였다. 이후 학천은 회재선생께 여러 차례 서신을 올렸으며, 회재 역시 서울로 가는 길에는 몇 번이나 학천의 집에 들르기도 하였다. 이를 보면 두 사람의 사제관계師弟關係가 매우 돈독했다고 여겨진다.

이후 학천은 부모의 권유로 과거에도 여러 차례 응시하였으나, 뜻을 이루지 못하였다. 이때 그는 "과거에 합격하고 못하고는 오로지 하늘의 뜻을 따를 뿐이다."라고 자신의 심경心境을 정리하였다. 그러나 유학, 특히 성리학性理學에는 학문의 성취가 매우 깊어, 응교應敎 류순선柳順善이 '불피설不辟說'을 질의할 정도였다.

학천 학문의 진수는 무엇보다도 흥학興學과 양민養民에 있다고 하겠다. 물론 성리학의 '수기치인修己治人'이 밑바탕이 되어 있으나, 학천의 학문은 추상적인 사념思念의 세계보다는 현실적·실천적 경세經世에 치중되어 있다.

학천은 어릴 때부터 공부하는 여가에 경계經界와 가색稼穡을 놀이로 삼아, 후직后稷의 사업에 몰두하였다. 자라서는 아버지의 명에 따라 이웃 학미동鶴嵋洞으로 이사하였는데, 학미동은 종고조부인 박정朴精이 이미 터를 잡아 놓았던 곳으로, 그 손자 박경장朴景章이 그 땅을 물려받았으나 노년이 되도록 자식이 없었다. 학천이 박경장을 모시고 살다가, 그가 별세하니 상례喪禮를 훌륭히 치러내었으며, 그 터전도 상속한 것으로 보인다.

그는 상속한 농지를 잘 관리하여 농사에 힘쓰며, 토질이나 경작법 등을 살피고 연구하였다. 그리고 터득한 농사법은 마을 주민들에게도 가르쳤다. 그는 조카 장춘, 회당悔堂 신원록申元祿, 금계錦溪 황준량黃俊良, 학동鶴洞 이광준李光俊 등과 교유하면서, 구고서숙九皐書塾을 세우고, 그들과 함께 향촌의 학문 진흥·전제田制·향약鄕藥·빈민구제貧民救濟 등의 방법을 다방면으로 연구하고 또 실천하였다. 그가 재지 사족으로서 향촌의 민생 향상에 몸소 솔선수범한 것은 오늘날의 '노블리스 오블리주'의 정신과도 일치한다. 특히 임종할 때 조카 장춘에게 유언하여 향리 주민들을 위한 '조적糶糴'[1])을 해결토록 한 것은 백성을 위한 그의 마음이 가장 잘 드러나는 것이다. 실제로 이러한 사업은 조정에서 국책으로 추진하기도 쉽지 않은 일이다.

3. 『유집』의 편찬과 간행

학천 박승은 평생토록 연구하고 실천한 지식들과 그에 따른 경험들을 글로 남겼다. 기록에 따르면 『약서증산約書增刪』, 「입약절목立約節目」, 「자훈字訓」, 『육행신편六行新編』, 『농가요람農家要覽』, 「근잠勤箴」, 『정책찬요政策纂要』, 시詩, 잠箴, 명銘, 「숙기塾記」, 「숙절목塾節目」, 「기몽記夢」, 편지, 『예략 상하편禮略上下篇』, 『존양록存養錄』이 있었다. 그러나 학천의 별세 후 15년이 지나지 않아 임진왜란이 발발하여 왜적의 진격로에 위치하고 있던 학천의 사제私第는 이때 소실되고, 그에 따라 수많은 저술도 재가 되고 말았다. 후에 셋째 아들 영춘이 이웃 여러 문중과 교유하던 분들을 찾아다니며 학천의 글을 다시 수집하였으나, 「예략 하편」·『약서증산』·『육행신편』·『농가요람』·『정책찬요』·『존양록』과 시, 편지, 잡고雜稿 등 여러 책은 찾을 길이 없었다. 행여 후손들은 없어진 글이 추가로 발견되지 않을까 기다리며 350여 년을 보냈고, 일제 식민지 시대에 지금 보유하고 있는 글마저 보존되지 않을까 우려하여 권상규權相圭 선생의 서문序文을 얻어 1947년에 2권 1책의 석판石版 인쇄로 『유집』을 간행하였다.

『유집』 1권에는 서문과 학천의 시·편지·잠·명·기記, 잡저를 수록하고, 2권에는 부록으로 「유사遺事」·「행장行狀」·「묘지명(병서)墓誌銘(幷序)」·「별묘봉안문別廟奉安文」·「묘갈명(병서)墓碣銘(幷序)」·「묘갈개수고유문墓碣改竪告由文」·「발跋」·「지識」를 수록하였다.

---

1) 조적(糶糴) : 사창(社倉)을 세워 풍년에 곡식 값이 쌀 때에 사들여 두었다가, 흉년에 곡식이 귀해지면 이윤을 조금 붙여 되팔거나 대여하여 빈민을 구제하는 것을 말한다.

4. 『유집』의 내용

2권 1책인 『유집』은 1권이 학천의 각종 글이고, 2권이 부록이다. 1권은 학천의 저술이 상당 부분 재가 되어 버린 탓에 겨우 수집한 것만 수록하였으므로, 전반적으로 보면 매우 단출하다. 그러나 현재 실려 있는 시나 편지, 몇 가지 저술을 가지고도 학천의 실사구시實事求是 자세와 흥학興學·양민養民의 모습을 충분히 알 수 있다. 옛말에 봉황의 깃털 하나를 가지고 전체의 모습을 알아볼 수 있으며, 문틈에 새어드는 빛을 보고 햇빛인지 달빛인지 구별할 수 있다고 하지 않았던가. 『유집』에 실려 있는 글을 자료로 삼아 학천의 업적을 정리하여 보면 다음과 같다.

첫째, 학천은 같은 시대 선배인 퇴계선생退溪先生의 제자는 아니었으나, 퇴계의 제자인 금계 황준량, 만취당晩翠堂 김사원金士元과 교류하였다. 그러나 그는 근본적으로 회재선생의 학맥에 속한다. 회재는 학천의 종고모부인데다가 아버지와 도의로 사귀는 사이였으며, 학천이 직접 가르침을 받기도 하였다.

둘째, 학천은 교육의 중요성을 깨달아 구고서숙九皐書塾을 설립하고, 서숙이 안정적으로 운영되는 데 필수적인 재정을 확보토록 상당한 양의 토지土地와 전곡錢穀을 출연하였다. 「구고서숙 입약절목九皐書塾立約節目」을 보면 향리의 청년들뿐만 아니라, 어느 지방 출신이든지 오직 공부하기로 뜻을 세우고 찾아오는 사람은 친소와 신분을 불문하고 모두 서숙에 받아들였다. 그리고 서숙의 비용으로 수학케 하였는데, 이는 흥학興學의 모범이라 할 수 있다. 당시 서원書院은 아직 일반화되지 않았음에도 상당한 규모의 재정을 갖춘 서숙은 시대를 앞선 학천의 면모를 보여준다.

셋째, 학천은 향촌의 구성원인 주민의 생활 안정, 즉 양민養民이 중요한 관건이라고 판단하였다. 그는 이를 달성하기 위해 농업진흥農業振興·향약실시鄕約實施·빈민구제貧民救濟에 헌신하였다.

학천이 태어날 때 아버지의 꿈에 후직이 나타났다고 하며, 어려서 동네 아이들과 놀이를 할 때 땅에 줄을 그어 여러 구역으로 나누고 농사짓기 놀이를 하였다고 한다. 청년 시절, 회재선생·앙재선생에게 편지를 올릴 때에도 맹자孟子의 정철법井徹法에 관하여 질문하였으며, 공부하는 여가에는 토질에 맞은 곡식이 무엇인지 연구하였다. 이렇게 터득한 농사법을 학천은 향리 사람들에게 가르쳤다. 특히 20세 때, 부친의 명으로 학미동에 이주하여 박경장을 모시고 살았고 후일 그가 타계他界하여 유산을 상속받게 되자, 학천은 그곳에서 농업에 대한 각종 연구와 실습을 하였을 것으로 추측된다.

학천은 농업으로 상당한 재력을 쌓은 것으로 보인다. 학천이 구고서숙에 전지田地 100마지기[斗落], 곡식 100섬, 돈 100꿰미를 출연할 수 있었음이 이를 증명한다.

황준량은 학천에 대하여 "내가 우리 땅에서 후직의 업적을 다시 보게 되었다."고 말하였고, 최경홍崔景洪은 "우리나라에 순 임금, 우 임금 시절의 농사農師가 다시 나타났다."라고 말하였으며, 민세정閔世貞은 "박모朴某를 농관農官으로 등용한다면 들판은 크게 개척되어 백성들이 다시 강구연월康衢煙月의 노래를 부를 것이다."라고 말하였다. 이 모두는 학천의 농사법이 아주 뛰어났으며, 이웃 주민들을 적절히 지도하여 좋은 성과를 올리는 것을 곁에서 지켜보고 내린 평가인 것이다.

학천은 오랜 기간의 농업 연구를 『농가요람農家要覽』이라는 한권의 책으로 엮어 부국안민의 방책으로 제시하였는데, 불행하게도 지금 전해지지 않고 있다. 이 책이 남아있다면 우리나라 농업사 연구에 지대한 공헌을 할 수 있었을 것이다.

학천은 53세 때 신인神人으로부터 볍씨와 콩씨를 받는 꿈을 꾸고, 다음날 꿈에 본 것과 같은 실제의 종자를 얻었다. 그것이 사실일 수도 있으나, 실제로는 평소의 연구 개발로 벼와 콩의 신품종을 개발한 뒤에 이를 세상에 발표하기 위하여 꿈에 가탁하였다고 보는 것이 타당할 것이다. 왜냐하면 새 종자를 얻은 2년 뒤에 벌써 국고에 300섬을 바칠 만한 곡식의 여유가 있었다고 하는데, 이는 훨씬 이전에 새 종자가 개발되어 재배 중이었던 사실을 말해 주고 있는 것이다. 새 품종을 '정금조正金租'라고 하였는데, 학천은 정금조를 이웃에도 보급하여 여러 농가에 큰 혜택을 보게 하였으며, 『농가요람』까지 저술한 것으로 보아 조선 중기의 뛰어난 선비 농학자였음을 알 수 있다.

향약 실시에 있어서, 학천은 구고서숙에 숙약塾約을 세워 그 절목節目을 제정하였다. 또 향리의 대소민大小民을 모이게 하여 중국 남전 여씨藍田呂氏의 향약鄕約에 근거하고 그 이후의 여러 사례를 참조하여 동약洞約을 제정하였다. 이것을 책으로 묶은 것이 『약서증산約書增刪』이다. 아쉽게도 이 책 역시 전해지지 않고 있다. 그러나 『유집』에 수록된 「구고서숙 입약절목」을 살펴보면 그 내용이 매우 구체적이고 실제적이며, 스스로가 앞장서서 실천하였다. 『유집』에 기록된 것으로만 보아도 이는 단순히 서숙의 학생 관리 차원이 아니라, 향촌의 풍속 교화까지 염두에 두고 있음을 알 수 있다. 그 내용에는 행실이 나쁜 자는 서숙에서 퇴출시킬 뿐만 아니라 향리에서도 퇴출시키며, 행실이 훌륭한 자는 향리에도 널리 알리고 관가官家에서도 알도록 하는 것 등이 포함되어 있다. 회당 신원록은 "박승이 한 시대를 경세제민經世濟民하고자 한 뜻은 그가 제정한 동약과 숙약을 보면 알 수 있다."고 하였다. 그리고 집안 천척 간이나, 향리의 풍속에 기본이 되는 육행六行(효孝·우友·목睦·인婣·임任·휼恤)에 관한 중요한 말씀을 여러 고전에서 뽑아 『육행신편六行新編』을 저술하여 풍속 교화에 큰 관심을 보였으나, 아쉽게도 이 책 역시 전해지지 않고 있다.

빈민 구제에 있어 학천은 가난한 이웃의 구제에 마음을 기울여 매년 춘궁기春窮期에 구고서숙의 창고에 저장된 곡식으로 동약인洞約人 가운데 빈궁한 사람을 구제하고, 곡식이 남으면 원근遠近의 가난한 농민들에게도 혜택이 돌아가게 하였다. 또 흉년이 들면 유랑민流浪民들에게 죽을 쑤어 먹였으며, 무의탁자無依托者가 있으면 거두어 기르고 훗날 결혼하는 것까지 보살펴 주었다.

특히 가난한 농민은 춘궁기에 양식이 떨어져 타인에게 고리高利로 꾸게 되고 가을에 그것을 갚으면 생활이 영위되지 않았다. 학천은 고리채高利債에 시달리고 있는 농민을 제도적으로 구제하려고 '조적糶糴'에 뜻을 두었으나, 미처 해결하지 못하여 임종할 때 조카 장춘에게 서숙의 재산을 사용하여 이를 해결하라고 유언으로 부탁하기도 하였다.

학천은 나라가 부강하려면 백성이 배워야 하고, 백성들이 생활의 안정을 얻게 하려면 토지제도를 합리적으로 설정하여 높은 농업 생산성을 유지하여야 하며, 향촌에 상부상조相扶相助의 기풍을 진작시키기 위해서는 구체적으로 협동과 도덕성을 고취하는 향약鄉約을 실시해야 한다고 여겼다. 그리하고서도 천재지변이나 풍·흉년에 따라 가난하게 된 백성들을 위해서는 진휼賑恤하는 제도를 갖추어야 한다고 생각한 것이다. 학천은 이 모두를 실천에 옮겼다.

학천의 이러한 행적은 그의 사우師友관계에서도 살펴볼 수 있다. 『유집』에 등장하는 인물 대부분은 학천과 인격적·학문적 영향을 주고받은 관계이다. 이들 모두는 학천의 흥학과 양민을 적극적으로 이해하고 또 격려하였다. 회재선생·앙재선생이 그러하였고 만취당 김사원·회당 신원록·금계 황준량·학동 이광준·갈천 임훈이 그러하였으며, 이응인·최경홍·민세정 등도 학천의 활동에 감탄하고 칭송하였다.

특히 학천의 조카 장춘은 학천의 모든 활동에 동참한 것으로 보이며, 학천의 사후에 그의 유언대로 '조적' 사업을 완수하였다. 회당 신원록도 향리에서 빈민 구제를 위한 진휼장賑恤場을 설치하고, 또 유생들을 불러 모아 학문을 강독講讀하는 업유재業儒齋를 세웠다. 금계 황준량도 신녕新寧·성주星州 등에서 지방관으로 있으면서, 민생과 교육에 관심이 많아 부세 賦稅 경감과 흥학에 노력하였다. 또 그는 정전제井田制 시행을 주장하면서, 만일 그것이 어려우면 한전제限田制라도 시행하여야 한다고 역설하였다. 학동 이광준도 임진왜란 도중에 지방 수령을 역임하면서 둔전 설치와 빈민 구휼에 노력하였고, 아전을 단속하여 백성들을 편안케 하였다고 한다. 갈천 임훈도 부역賦役 제도와 군정軍政의 폐단을 시정하려고 상소하였다. 이러한 사우관계를 보면 어쩌면 영남지방의 한 모퉁이에서 실용 중농학파가 태동하지 않았나 생각을 하게 되며, 아마도 학천이 그 중심인물일 것이라고 추측해 본다.

2권에 실려 있는 글을 살펴보면, 「유사遺事」는 셋째 아들 영춘이 지은 것이다. 학천 사후 3년 만에 기록한 것으로 이때는 학천의 각종 저서와 서적들이 남아 있을 때였다. 그 후 임진왜란에 학천의 사제私第와 저서가 모두 타버렸을 때, 이를 되찾아내려는 노력과 어딘가에 남아 있을지도 모르는 선조의 글이 애타게 나타나기를 기다리는 내용으로 손자 박제朴濟의 글이 「유사」의 부록으로 실려 있다.

「행장行狀」은 의성 출신이며 공조 판서工曹判書를 역임한 달촌達村 윤국형尹國馨이 찬撰한 것이다. 윤국형은 장천서원長川書院을 세워서 모재慕齋와 회재晦齋 두 선생을 입향立享할 때, 학천과 함께 이 일에 참여하였을 정도로 같은 시대 사람이자 매우 친분 깊은 사이였다. 이 「행장」의 정본마저 임진왜란 때 다 타버려 그 후 선생의 증손曾孫 종민宗敏이 어린 나이임에도 서울의 윤국형의 아들 윤의립尹義立의 집까지 찾아가 행장의 초본草本이 혹시 집안에 남아 있는지 찾아줄 것을 부탁하여 수집해 온 것이다.

「묘지명墓誌銘」은 이산악李山岳이 찬撰한 것이다. 이산악은 학천의 백부伯父 경인景仁의 사위인 민세정閔世貞의 사위이니, 학천에게는 조카 사위가 된다. 평소 학천을 곁에서 모시고 학문과 덕행을 지도받으며 지냈다.

「묘갈명墓碣銘」은 영가후인永嘉後人 권상규權相圭가 찬한 것으로 학천의 묘소가 오래되어 비석의 훼손이 심하여 1943년에 개수改竪할 때 지은 것이다.

「발跋」과 「지識」는 이 『유집』을 1947년에 출간할 때 그간의 사정을 간략히 기록한 것으로 12세 사손嗣孫 세환世煥씨와 방손傍孫 춘환春煥씨, 그리고 돈燉씨가 기록한 것이다.

5. 행력行歷과 작품作品, 연보年譜

서기(왕력)	간지/연령	주요 행력	작품
1520(중종 15)	경진/1	문소聞韶 가음佳音 토현리土峴里 집에서 출생하다.	
1521(중종16)	신사/2	회재晦齋 선생 내방	
1524~25 (중종 19~20)	갑신·을유 /5~6	앙재盎齋 선생 내방	
1526(중종 21)	병술/7	서당書堂에 입학하다	
1532(중종 27)	임진/13	『효경孝經』·『논어論語』·『대학大學』·『중용中庸』, 정철법井徹法에 이미 통하였다.	
1535(중종 30)	을미/16	영천 이씨永川李氏와 혼인하다. 가을에 옥산玉山으로 회재선생을 찾아뵈다.	
1536(중종 31)	병신/17	회재선생께 편지 올리다.	
1538(중종 33)	무술/19	독서실 편액을 성재誠齋라 하다.	
1539(중종 34)	기해/20	아버지 명으로 분가하여 학미동鶴嵋洞으로 이거移居하다.	
1547(명종 3)	정미/28	회재선생의 권면과 격려를 받다	
1553(명종 9)	계축/34	옥산 방문, 회재선생께 편지 올리다.	
1555(명종 11)	을묘/36	금계錦溪 황준량黃俊良이 내방하다.	
1561(명종 17)	신유/42	구고九皐에 서숙書塾 설립하다. 숙약塾約과 동약洞約을 제정하다. 서숙에 재물도 출연하다.	약서증산
1562(명종 18)	임술/43	서숙을 증축하다.	입약절목 자훈
1563(명종 19)	계해/44	금계 황준량을 문병하다.	농가요람 근잠
1570(선조 3)	경오/51	후릉 참봉厚陵參奉 제수除授 취임하지 않다.	정책찬요 육행신편 면와명
1571(선조4)	신미/52	갈천葛川 임훈林薰이 내방하다.	
1572(선조 5)	임신/53	신인神人으로부터 정금조正金租 종자種子를 받다. 장천서원長川書院 입향례入享禮 참석하다.	
1574(선조 7)	갑술/55	정금조 삼백섬을 국고에 보충하다.	
1576(선조 9)	병자/57	정금조 오백섬을 국고에 보충하다. 수의부위修義副尉에 임명되다.	
1577(선조10)	정축/58	8월 2일에 별세하다. 10월 임자일에 학미산鶴嵋山 유좌묘향酉坐 卯向에 안장安葬되다.	좌우명 만록

6. 학천鶴川 박승朴承의 가계도家系圖

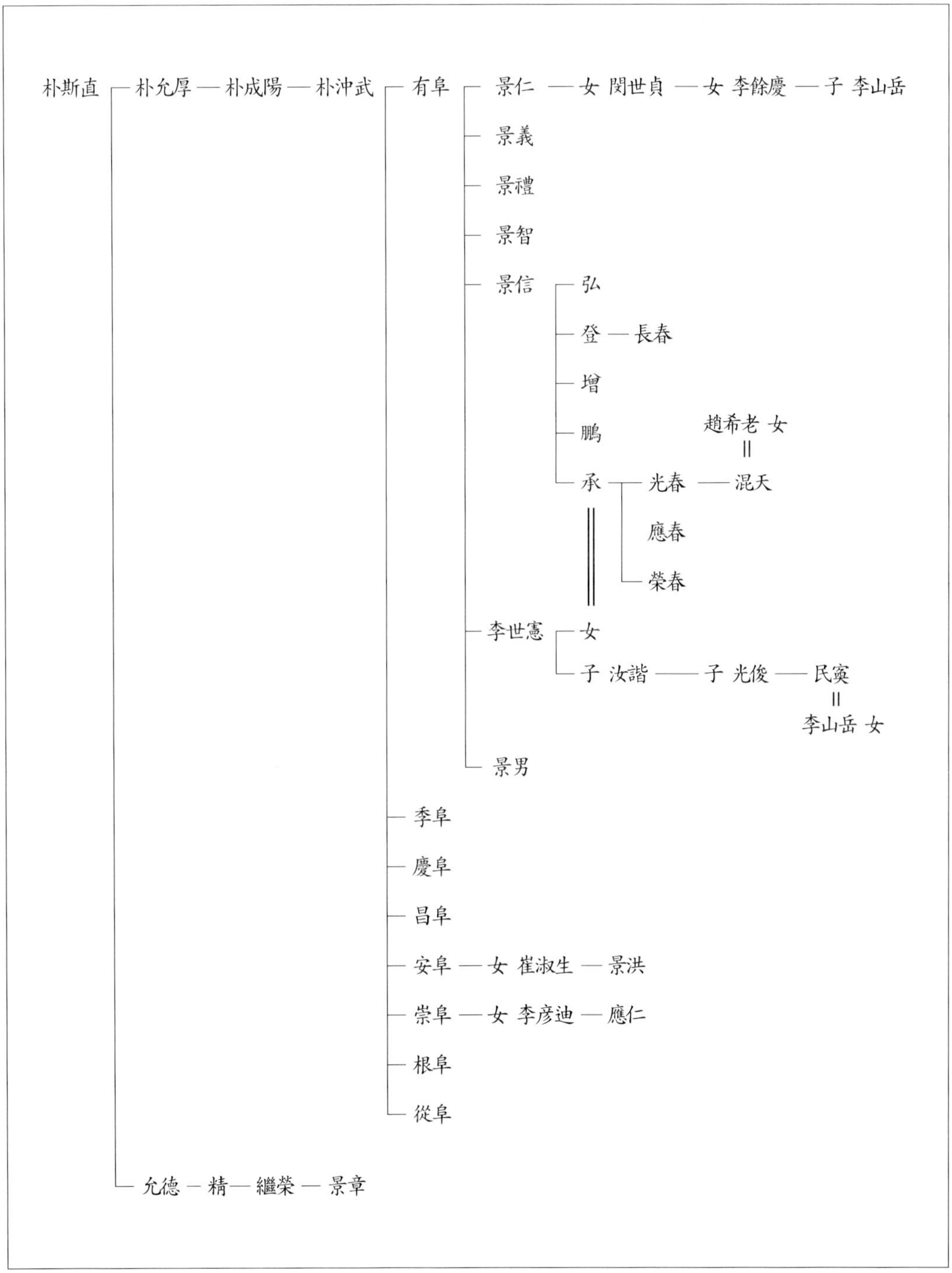

학천선생유집

鶴川先生遺集

서

서序

옛날 자장자子張子[2]께서 삼대三代[3]의 다스림에 온통 뜻을 두었는데, 사람을 다스리는 데 가장 먼저 힘써야 할 일을 의론하실 때는 언제나 "경계經界[4]가 가장 급하며, 학교學校는 그 다음으로 급한 것이다."라고 하지 않은 적이 없었다. 이는 곡식으로 양육養育하지 않으면 목숨을 유지할 수 없고, 가르치지 않으면 풍속을 교화敎化할 수 없기 때문이었다. 진실로 자장자를 등용하여 일을 맡겼더라면, 아마 선왕先王의 다스림을 다시 볼 수 있었을 것이다. 마침내 뜻은 가졌으나 이루지 못하고 죽었으니, 실로 천고千古에 뜻있는 선비들의 한이 되었다.

지금 학천선생鶴川先生 박공朴公께서 남긴 글을 읽다 보면 문득 책을 덮고 크게 탄식을 하게 된다. 공은 어릴 때부터 뛰어난 자질을 드러내셨고 놀고 즐길 때 전지田地를 구획하고

---

2) 자장자(子張子) : 장재(張載, 1020~1077)를 말한다. 북송(北宋)의 성리학자로 자(字)는 자후(子厚)이며, 횡거선생(橫渠先生)이라 불리었다. 장안(長安) 출신으로 38세에 진사시에 합격하고 10여 년간 여러 관직에 있었으나 불우하였다. 그러나 학문으로는 『경학리굴(經學理窟)』·『정몽(正蒙)』·「서명(西銘)」 등의 저서로 이름을 떨쳤다. 젊어서 범중엄(范仲淹)을 만나 『중용(中庸)』을 읽어보도록 권유받았으나 만족하지 못하고, 후에 정명도(程明道)·정이천(程伊川)과 『주역(周易)』을 논하면서 그들의 학문 깊이에 감복하였고, 성리학에 전심하여 송대 유학의 기초를 세웠다.

3) 삼대(三代) : 중국의 고대(古代) 하(夏)·은(殷)·주(周)의 세 왕조이다. 이상적인 정치가 행하여진 시대라고 한다.

4) 경계(經界) : 토지를 어떤 기준으로 나누어 분간하는 한계로서 오늘날은 경계(境界)로 많이 쓴다. 『맹자(孟子)』에 "인정(仁政)은 반드시 (토지의) 경계(經界)를 다스림으로부터 시작되니, 경계를 다스림에 바르지 못하면 정지(井地)가 균등하지 못하고, 곡록(穀祿)이 공평하지 못하게 된다. 그러므로 폭군과 오리(汚吏)들은 반드시 그 경계 다스림을 태만히 한다. 경계 다스림이 이미 바르게 이루어졌다면 토지를 분배하고 곡록을 제정하는 것은 가만히 앉아서도 결정할 수 있다.[夫仁政 必自經界始 經界不正 井地不均 穀祿不平 是故 暴君汚吏 必慢其經界 經界旣正 分田制祿 可坐而定也]"라고 하였다.

종묘심기를 좋아하여, 어른들이 장차 후직后稷[5]의 사업을 일으킬 수 있으리라 기대하였다. 장성한 뒤에는 하늘과 인간 세계에 대한 성명性命의 오묘奧妙함을 힘써 공부하였으며, 천문·지리·의학·산술·군사에 관한 이치를 깊게 연구하여 골고루 해득하지 않음이 없었다. 선비의 학문은 수기치인修己治人[6]을 넘는 것이 없고, 수기치인의 방법은 반드시 후생厚生의 뒷받침이 있어야 하며, 후생의 근본은 진실로 농사에 힘쓰는 데 달려 있다고 선생은 여겼다. 그리하여 그 지방 인사들과 글방인 서숙書塾[7]을 세워 규약規約을 제정하였으며, 땅을 살펴 그에 알맞은 농사를 과업으로 삼게 하였으며, 잘하고 못하는지에 따라 상벌을 베풀고, 부지런한지 게으른지에 따라 권장하고 징계하였다. 이 일을 행한 지 여러 해가 되니 믿고 따르는 무리가 많아져 서숙에서 수용할 수 없을 정도가 되었다. 말과 행동을 보면, 달리 물어 보지 않아도 선생의 제자임을 알 수 있었다.

곳간에는 곡식을 가득히 쌓아 두어 학자금學資金과 가난한 사람들을 구제救濟하는 데 사용하였으며, 남는 것은 나라에 바쳐 국고를 채울 수 있었다. 진실로 조정에서 뽑아 써서 후직后稷이나 사도司徒의 직책을 맡겼더라면 온 나라 사람들이 요순 시대堯舜時代[8]의 성대함을 아마 우리나라에서 다시 볼 수 있었으리라. 수의繡衣[9] 사또가 임금께 관직官職을 주어 포상하자고 추천하였으나, 끝내 낭위郎尉[10]의 산직散職[11]에 그쳤다. 선생은 온 세상을 경륜할

---

5) 후직(后稷) : 중국 주(周) 왕조의 전설적인 시조(始祖). 농경신(農耕神)·사직신(社稷神)·오곡(五穀)의 신이다. 성(姓)은 희(姬)이며, 이름은 기(棄)이다. 모친 강원(姜嫄)이 거인의 발자국을 밟고 임신하여 낳았는데, 불길하다고 여겨 세 번이나 내다 버렸으나 그때마다 구조되었다. 후에 요(堯) 임금의 농관(農官)이 되었고, 순(舜) 임금 때 태(邰)에 봉해져 제후가 되었다.

6) 수기치인(修己治人) : 내 몸을 닦고 남을 교화함. 『대학장구(大學章句)』「서(序)」에서는 "이치를 궁구하고 마음을 바르게 하여, 자기 몸을 닦고 남을 다스리는 방법을 가르친다.[敎之以窮理正心修己治人之道]"고 하였고, 『대학장구』에서는 "옛날에 명덕(明德)을 천하에 밝히고자 하는 자는…… 먼저 그 몸을 닦고[古之欲明明德於天下者……先修其身]"라고 하였다.

7) 서숙(書塾) : 글방. 옛날에 학문을 사적으로 가르치던 곳이다.

8) 요순 시대(堯舜時代) : 중국 상고(上古)시대 요 임금과 순 임금이 덕으로 천하를 다스리던 시대이다. 후세 사람들은 태평성대의 모범으로 삼았다.

9) 수의(繡衣) : 암행어사가 입던 옷으로, 여기서는 암행어사를 지칭한다.

10) 낭위(郎尉) : 낭(郎)과 위(尉)의 관계(官階) 또는 품계(品階)이다. 낭은 문관 정5품 이하의 관계이고, 위는 무관 정5품 이하의 관계이다.

뜻을 가지고 마을의 작은 서숙에서 지내다가 정해진 수명이 다하여 갑자기 가셨으니, 뜻을 가졌으나 이루지 못한 한이 어찌 자장자子張子 혼자만이 그러하였겠는가.

공이 지은 책으로는 『약서증산約書增刪』·『육행신편六行新編』·『농가요람農家要覽』·『정책찬요政策纂要』·『존양록存養錄』 등이 있었으나, 모두 임진왜란壬辰倭亂 때 불타버렸다. 아, 도道가 행해지지 않으니 어찌 할 수 없구나! 지금 이때 격언과 지극한 말[12]이 후학後學들에게 아름다운 혜택을 줄 수도 없었으니, 어찌된 것인가. 하늘을 쳐다보며 더욱 한숨짓는다.

이 문집에 실려 있는 것은 다만 시詩·편지·잠箴·명銘의 얼마 안 되는 편篇과 서숙의 「기문記文」과 「절목節目」·「자훈字訓」·「예략禮略」·「재거만록齋居謾錄」이 있을 따름이다. 그 볼품없는 것이 매우 한스럽지만, 깃털 한 가닥을 들고서도 봉황의 온몸 무늬를 알 수 있고, 문틈에 비치는 것을 보고 해와 달의 밝은 빛을 추측할 수 있으니, 군자의 인仁과 의義에 관한 말씀은 남은 분량이 적다고 하여 함부로 작게 보면 안될 것이다. 하물며 그 가르침이 친절하면서도 정곡을 찌르는 것 같아서, 사람들을 경각시키고 반성케 하며 깨닫도록 인도할 수 있음에랴.

후손後孫 세환世煥 씨가 그 글을 오래 보관하고 있다가 아주 없어지게 될까 두려워 판각板刻하여 널리 전하려고 나에게 책머리의 글을 부탁하였다. 만생晩生의 몽루懵陋함을 돌아볼 때 감히 받아들일 수 없었다. 그러나 삼가 문집에 감동된 바가 있어 드디어 분수에 넘치는 참람僭濫함을 잊고 도道를 가슴에 품고서도 펴 보지 못한 한恨을 간략하게 기록하는 바이다. 선생이 마음을 다스리고 행실을 절도 있게 하며, 효도와 우애를 독실하게 하고, 광범위하게 스승과 벗을 사귄 데 이르러서는 선善을 기록한 여러 편篇에 잘 기록되어 있다. 독자들이 스스로 이를 알 수 있을 것이므로 여기에 다시 군더더기 말은 하지 않기로 한다.

영가인永嘉人 권상규權相圭[13]는 삼가 서문을 쓰다.

---

11) 산직(散職) : 일정한 직무가 없는 벼슬. 관계(官階)만 있고, 관직(官職)이 없었으며, 녹봉도 없었다.
12) 지극한 말 : 원문에서 '至誸'라고 되어 있으나 '至語' 혹은 '至訣'의 오자인 것 같다.
13) 권상규(權相圭, 1874~1961) : 자는 치삼(致三), 호는 채산(蔡山)·인암(忍庵)이며, 본관은 안동이다. 의병장 권세연(權世淵)의 아들이다. 을미사변(1895) 이후에 의병을 일으켜 활동하였다. 『인암집』이 있다.

학천선생유집
鶴川先生遺集

제1권

학천선생유집 제1권

시詩

그윽한 곳에서 살다[幽居]

학이 내려앉은 냇물가	鶴下川之上
그윽하고 아늑하여 내가 살만 하네	幽深可我居
거리에는 시끄러운 수레 소리 없고	巷無車馬鬧
방안 책상에는 성현의 책 놓여 있을 뿐	案有聖賢書

농가[田家]

아침에는 후직의 들을 갈고	朝耕后稷野
저녁에는 강구의 노래[1]에 화답하네	暮和康衢謠
이곳에 지극한 즐거움 있어	至樂在乎此
임금의 힘이 밝은 지도 다 잊어버리네	渾忘帝力昭

---

1) 강구의 노래 : 『열자(列子)』「중니(仲尼)」에 나오는 노래 이름이다. 요 임금이 치세 50년에 민심을 살피려고 거리에 나갔더니, 번화한 네거리에서 놀던 아이들이 불렀다는 노래로, “우리 백성들이 잘 사는 것은 임금의 덕 아님이 없네. 알지도 못하는 사이에 하늘의 도리를 따르고 있으니.[立我蒸民 莫匪爾極 不識不知 順帝之則]”라고 하였다.

즉석卽席에서 느낀대로 지음[卽事]

음陰이 물러가니 바야흐로 양陽이 성대해져서	陰伏陽方壯
둘러보니 모두 다 봄 세상이네	看來都是春
온 산 가득한 꽃나무 속	滿山花木裏
붉고 푸른 색 모두 천연 그대로이네	紅綠摠眞天

품은 뜻을 말하다[言志]

비 개이고 바람 따뜻한 날	雨霽風和日
난간에 의지하여 『논어』를 읽네	憑欄讀魯書
기우沂雩[2]한 지 천년 이후에	沂雩千載後
사람은 가버려도 봄은 아직 남아 있네	人去春猶餘

설중매雪中梅

밤하늘에 눈보라 가득한데	風雪滿天夜
평상 머리 화분에 매화 몇 송이 피었네	牀梅數點新
어떻게 이 꽃송이로	那能將此蘂
만방에 두루 봄을 펼쳐 놓을 수 있을까	徧作萬方春

---

2) 기우(沂雩) : 기수(沂水)에서 목욕하고, 무우(舞雩)에서 바람 쏘이는 일. 떳떳한 일상생활을 즐긴다는 뜻이다. 공자가 제자 증점(曾點)에게 품은 뜻을 말해 보라고 하자, "'늦봄에 봄옷이 마련되면 관을 쓴 어른 5~6명과 동자 6~7명과 함께 기수에서 목욕하고, 무우에서 바람 쏘이다가 노래하며 돌아오겠습니다.'라고 하니 공자께서 '나는 증점을 허여(許與)한다.'[莫春者 春服旣成 冠者五六人 童子六七人 浴乎沂 風乎舞雩 詠而歸 夫子曰 吾與點也]"고 하였다.(『論語』「先進」)

송은松隱 김광수金光粹[3] 어른의 만년송萬年松을 읊다[詠松隱金丈光粹萬年松]

만년정萬年庭에 만년송萬年松 심었는데	萬年庭植萬年松
눈 녹지 않은 겨울에도 한결같이 푸른빛이네	一色蒼蒼百雪冬
잎과 가지 많고도 많아	葉子枝孫麗不億
잠시 피었다 지는 울긋불긋한 꽃들을 비웃네	笑他紅紫片時穠

처세處世

화복禍福과 안위安危는 모두 나에게 달려있는 것	禍福安危摠在吾
내 마음 어찌 감히 잠깐인들 소홀히 하랴	吾心豈敢忽須臾
잠깐 사이에도 어떤 풍파가 일어날지 측량할 수 없는데	須臾莫測風波起
풍파 일어난 뒤에는 막을 대책이 만무萬無하리라	起後防謀必萬無

무제無題

인심人心 위태로운 곳에 도심道心도 은미하여[4]	人心危處道心微
촛불 밝혀들고 바른 길 찾아 돌아와야 하리	秉燭須尋正路歸
우산牛山의 멋진 나무[5] 밤기운에 감싸이고	美木牛山廻夜氣

---

3) 김광수(金光粹, 1468~1563) : 자는 국화(國華), 호는 송은(松隱), 본관은 안동이다. 진사이며 성균관에서 수학하였고, 연산군 때 의성으로 낙향하여 영귀정(詠歸亭)을 지어 시를 읊고, 은둔·강학하였다. 거실 서쪽에 만년송(萬年松)을 심어 놓고 청빈하게 살았다. 학문과 덕행으로 영남에 이름이 알려졌다. 저서에 「경심잠(敬心箴)」·『송은집(松隱集)』이 있다.

4) 인심 위태로운……은미하여 : 순 임금이 우 임금에게 제위를 넘겨주면서 함께 천하를 다스리는 방법도 전수하였는데, "인심(人心)은 위태롭고 도심(道心)은 은미하니, 정밀하게 하고 한결같이 하여야 진실로 그 중도(中道)를 잡을 것이다.[人心惟危 道心惟微 惟精惟一 允執厥中]"라고 하였다.

5) 우산의 멋진 나무 : 『맹자』「고자상(告子上)」에 나오는 말인데, 원문은 다음과 같다. "우산(牛山)의 나무는 원래 아름다웠으나 큰 도읍에 가깝다 보니 남벌되어, 좋은 재목이 될 만한 나무가 다 없어져 버렸다. 마찬가지로 사람도 비록 본성이 선하여도 날마다 어려운 일을 겪으면 어그러진다. 잘 길러주어서 자라지 않는 것이 없고, 길러주지 않는데 소멸되지 않는 것은 없다.[牛山之木 嘗美矣

핀 꽃도 쉬 바뀌니 천기를 볼 수 있네	生花驪易見天機
무이산武夷山[6] 빼어난 곳 한가로이 노 젓는 소리 들리고	武夷奇處閒聽棹
기수沂水의 봄바람 벌써 옷에 펄럭이네	沂水春風旣振衣
지극한 이치 밝고 밝아서 드디어 깨닫고 보니	至理昭昭終有悟
고요한 가운데 물고기 뛰고 솔개가 나네[7]	靜中魚躍又鳶飛

빙산사[8] 벽에 쓰다[題氷山寺壁]

산은 높고 골은 깊은데 돌은 모두 검어	山高谷邃石皆黧
얼음 바람 나오는 두 구멍 그 속이 신기하네	二穴風氷箇裡奇
굴에서 떨어지는 폭포소리 용이 누워 듣는 듯	窟瀑雷鳴龍臥聽
바위의 솔바람 거문고 연주같아 학이 와 인사하네	巖松琴奏鶴來儀
지금 우리 반도에는 유학을 숭상하는데	卽今半島崇儒學
어찌 옛적에는 이 신령스런 구역을 불사佛寺에 맡겼던가	何昔靈區任佛祠
회재선생晦齋先生과 우리 아버지를 함께 추억하나니	憶我先君同晦老
젊은 시절 책을 가져와 이곳에서 읽으셨지	英年攜卷讀於斯

응교 류승선[9]과 작별하며 주다[贈別柳應教承善]

춘방[10]의 여가에 남쪽으로 노닐던 시를 지어	春坊暇日賦遊南

以其郊於大國也 斧斤 伐之 可以爲美乎……苟得其養 無物不長 苟失其養 無物不消]"

6) 무이산(武夷山) : 중국 복건성(福建省)과 강서성(江西省) 경계에 있는 산이다. 주자(朱子)가 무이정사(武夷精舍)에 은거하여 학문을 연구하고 제자를 길렀다. 이후 주자와 주자학의 상징이 되었다.

7) 물고기 …… 나네 : "물고기는 (연못에서) 뛰놀고, 솔개는 (하늘로) 날아오른다.[鳶飛戾天 魚躍于淵]"는 뜻으로, 만물이 저마다의 법칙으로 자연스럽게 생활하여 조화를 이룬다는 것을 말한 것이다. 우주 자연의 오묘한 법칙에 순응하는 경지이다.

8) 빙산사(氷山寺) : 경북 의성군 춘산면 빙계동 빙계계곡에 있었던 절이다. 통일신라시대에 지어졌으나 임진왜란 때 소실되었다.

9) 류승선(柳承善) : 자는 응경(應卿), 문과(文科)에 합격하고, 목사(牧使)·통정대부(通政大夫)에 올랐다. 류순선(柳順善)의 사촌동생이다.

세상 번잡한 일 털어 버리기를 함께 구하며	喚起塵冗與共求
지극한 마음으로 선외가先外家를 잊지 않아	至意不忘先外黨
수레를 탈 때 나를 지방 수령과 함께 타게 하네	行車作伴地方侯
산골짝 경치 좋은 곳에서는 흥취 더욱 일어	溪山勝處興逾逸
바람 시원하고 달 밝은 밤 높은 누각에 노래 그치지 않네	風月高樓歌未休
이별할 때에 멍하니 무엇을 드릴까	臨別惘然何以贈
그대 가문은 세업世業으로 충효忠孝를 익혔는데	君家世業孝忠修

10) 춘방(春坊) : 세자시강원(世子侍講院)의 별칭(別稱)이다.

서書

회재 이 선생[11]께 올리다[上晦齋李先生]

가포加布[12]한 뒤에 어르신을 배알拜謁한 것이 이미 지난 가을 일입니다. 남쪽 구름을 바라보며 저의 마음속 그리움은 새해에도 더욱 새롭습니다. 삼가 엎드려 살피건대 어르신께서는 요즘 댁에 계실 때에도 몸소 더욱 왕성하게 성리를 탐구하고 계신 것을 알게 되었습니다. 고모께서도 집안의 법도를 지키며 음식 장만하는 여가에 곁에서 잘 융합하여 도와주시는지요. 지난겨울, 산장山庄의 경촉經燭 아래에 믿고 따르는 사람이 몇 명밖에 안 되더니 해가

---

11) 회재 이 선생 : 이언적(李彦迪, 1491~1553)을 말한다. 자는 복고(復古), 호는 회재(晦齋), 시호(諡號)는 문원(文元)이며, 본관(本貫)은 여주(驪州)이다. 문과. 중종 30년 사간(司諫)일 때 김안로(金安老)의 기용을 반대하는 상소를 올렸다. 심언광(沈彦光)의 모략으로 은퇴하여, 경주 자옥산(紫玉山)에 독락당(獨樂堂)을 짓고 성리학을 깊이 연구하였다. 중종 37년 김안로가 거세(去勢)된 뒤에 다시 기용되어 직제학·전주 부윤·이조·예조·형조 판서를 거쳐 인종 1년에 좌찬성(左贊成)이 되었다. 명종 2년 을사사화(乙巳士禍) 때 양재역(良才驛) 벽서사건(壁書事件)에 무고하게 연루되어 강계(江界)로 유배되어 별세하였다. 문묘(文廟)에 배향된 성리학자이다. 선조 때 영의정에 추증(追贈)되고, 경주 옥산서원(玉山書院)에 배향되었다. 저서에 『회재집(晦齋集)』·『중용구경연의(中庸九經衍義)』·『대학장구보유(大學章句補遺)』·『속대학혹문(續大學或問)』·『구인록(求仁錄)』 등이 있다.

12) 가포(加布) : 관례(冠禮)이다. 관례는 남자가 성인이 되는 예식인데, 머리에 관(冠)을 씌우는 의식이다. 15~20세에 주로 행하였으며 조혼(早婚)이나 상중(喪中)에는 앞당기거나 늦추기도 한다. 음력 정월 중에 길일(吉日)을 택하여, 예정일 3일 전에 사당에 고하고, 덕망과 예법에 밝은 분을 빈(賓)으로 청한다. 관례 당일에 주인(主人)·관자(冠者)·빈(賓) 및 그 밖의 손님이 모여 세 가지 관(冠)을 차례로 씌우는 시가(始加)·재가(再加)·삼가(三加)의 순서를 끝내고, 초례(醮禮)를 행한 뒤 빈이 관자에게 자(字)를 지어 준다.

바뀐 후에는 단체로 모여 학문을 닦고 있습니다. 이는 학문의 실마리를 넉넉히 열어 주신 것이라 할 수 있지 않겠습니까.

저는 친히 새해 인사 편지를 보내주신 은혜를 입고도 기쁘게 해 드릴 방법이 없어, 부끄럽고 두려운 마음이 다른 때보다 배나 더합니다. 오직 잠자리나 음식도 전과 같고, 종숙從叔의 건강이 두드러지게 나빠진 점이 없어서 다행입니다. 이른바 세 가지 여가(밤, 장마철, 겨울)에 읽으라는 과업課業은 『상서尙書』[13] 몇 권이지만, 위로는 밝은 스승의 가르침이 없고 곁에서는 굳세게 도와주는 사람이 없어서, 깊이 생각해야 하는 공부에는 전혀 힘을 쓸 수 없었습니다. 그러나 간혹 한 두 곳 의문이 나는 것이 있으면 손이 미치는 대로 뽑아 기록하였으며, 일년이 삼백도수三百度數[14]이며 윤달을 합하여 한 해가 된다는 뜻을 여러 해 동안 깊이 연구하였으나 충분히 이해하지 못하여 지금 감히 저의 어리석고 분수에 넘치는 것을 헤아리지 않고 함께 기록해 올립니다. 부디 저의 종형께서 돌아오는 편에 상세한 답을 내려주시기를 엎드려 바라고 바랍니다. 나머지는 줄이옵고 시절時節에 맞추어 몸을 보중하셔서 사문斯文에 다행이 되게 하시오길 엎드려 바랍니다. 예禮를 다 갖추지 못한 채 편지를 올립니다.

회재선생께 올림[上晦齋先生]

지난 섣달, 임금의 부름을 받아 올라가시는 길에 궁벽한 집을 찾아 주신 것은 실로 조위趙魏의 후의厚誼[15]에서 나온 것으로 아옵니다. 그러나 가군家君과 종숙從叔께서 함께

---

13) 『상서(尙書)』: 『서경(書經)』을 말한다. 처음에는 다만 『서(書)』라고 하다가 한대(漢代)에 『상서』라고 하였다. 송대(宋代) 이후에 와서 비로소 『서경』이라고 하였다. 『금문상서(今文尙書)』와 『고문상서(古文尙書)』가 있다.

14) 일년이 삼백도수 : '기삼백도수(朞三百度數)'는 『서경』「우서(虞書)·요전(堯典)」 제8장에 "朞三百有六旬有六日"에서 온 말로서 1년의 날수를 가리킨다. 그 주(註)에 역법(曆法)의 설명이 있다. "제요가 말씀하시되, '아! 너희 희씨(羲氏)와 화씨(和氏)여. 일년은 366일인데, 윤달을 써서 사시(四時)를 정하고 한해를 완성하여, 백관을 다스리면 모든 공적이 다 빛날 것이다.'고 하였다.[帝曰 咨汝羲暨和 朞 三百有六旬有六日 以閏月 定四時成歲 允釐百工 庶績咸熙]"

15) 조위(趙魏)의 후의(厚誼) : 중국 전국 시대(戰國時代) 조(趙)나라 평원군(平原君)의 부인은 위(魏)나

병환 중에 있어 조정에 나아가 다루실 일의 대의大義에 대하여 편안히 응대하여 드리지 못했습니다. 저희들도 곁에서 조용히 모시지 못하고 의문점에 대해 강론하고 어려운 것을 물어볼 겨를도 없이 대궐로 달려갈 기일이 박두하였습니다. 행차가 떠난 뒤에 어느덧 해가 바뀌고 봄도 저물어 갑니다. 선생님께서 계신 서울을 멀리 바라보고 있자니, 자옥산림紫玉山林[16] 댁에 계실 때보다 그리운 마음이 몇 배나 간절합니다.

삼가 생각하건대, 스승님은 임금을 모시고 도학을 강론하여 충성을 다하시고, 임금의 총명을 보좌함에 수어지교처럼 부합하여 간사한 도적을 소탕掃蕩하셨습니다. 저 김가金哥[17]가 패망하여 죽은 후 나머지 일당一黨들이 모두 죄를 받아 조정이 맑고 엄숙해졌으며, 이 반도半島 강산에 다시 강구연월康衢煙月을 보게 하셨습니다. 저는 학문을 과업課業으로 하나 학문의 방향을 모르고, 농사를 과업으로 하나 농사의 실제 이치를 꿰뚫어 알지 못합니다. 한갓 신농씨神農氏[18]와 후직后稷이 후세後世에 끼친 사업에 헛되이 힘만 낭비하고 있어, 세월이 물처럼 흘러가니 매우 걱정입니다. 어느 때에나 옷자락을 걷어 여미며 찾아뵙는 소원을 이루고, 또 스승님 곁에서 조용하게 친절한 가르침을 받들 수 있을지 모르겠습니다.

아버지와 숙부의 병病이 요즈음 들어서 조금 나아지고 있습니다. 장차 건강이 완전히 회복될 때 한번 가마를 타고 서울로 올라가 선생께서 경연經筵[19]에서 물러 나와 댁에 계시는 틈을

라 신릉군(信陵君)의 누나였다. 조나라가 위급하였을 때 위 나라 신릉군은 국법을 어겨 가면서 조나라를 구원한 일이 있었다. 인척간의 돈독한 관계를 나타낸 말이다.

16) 자옥산림(紫玉山林) : 자옥산(紫玉山)은 경주시 안강읍 옥산리에 있는 산이다. 회재선생이 은거하였을 때 자옥산에 독락당을 짓고 성리학을 연구하며 후진을 길렀다.

17) 김가(金哥) : 김안로(金安老, 1481~1537)를 지칭한다. 김안로의 호는 희락당(希樂堂), 본관은 연안(延安)이다. 대사간을 거쳐 중종 14년 기묘사화 때 조광조와 함께 유배되었다. 중종 17년에 부제학에 기용되어 대사헌, 이조 판서가 되었다. 아들 희(禧)가 효혜공주(孝惠公主)와 결혼하여 부마가 된 이후 권력 남용을 하다가 영의정 남곤 등에게 탄핵받아 풍덕(豊德)에 유배되었다. 남곤 사후에 다시 등용되어 우의정을 거쳐 좌의정이 되었다. 공포정치를 하였으며 문정왕후(文定王后)의 폐위를 도모하다가 유배되어 사사(賜死)되었다.

18) 신농씨(神農氏) : 중국 태고적의 전설적인 임금으로 성은 강(姜)이며 인신우수(人身牛首)였다고 한다. 화덕(火德)을 타고 나서 염제(炎帝)라고도 한다. 나무를 잘라 구부려 쟁기를 만들어 농경(農耕)을 가르쳤고, 백초(百草)를 맛보아 약초(藥草)를 발견하였으며, 시장을 열어 교역을 가르쳤다고 한다. 중국의 농업·의약·음악·점서(占筮)·경제의 조신(祖神)으로 추앙되고 있다.

타 충忠과 의義에 대한 강론講論을 듣고자 합니다. 그러나 내일 날이 흐릴지 개일지는 미리 헤아릴 수 없습니다.

고모님께서는 노년에 친정 나들이가 실로 쉬운 일이 아니나, 본댁本宅을 오래 비워 둘 수 없어 어제 돌아가셨습니다. 종형從兄이 따라 갔는데 길은 멀고 하인 또한 많이 부족하며, 타고 가는 말도 병들어서 섭섭한 이별에 멀리서 걱정하는 마음만 떠올랐습니다. 종형이 돌아오기 전에는 저의 근심이 풀리기 어려울 것 같습니다.

장령掌令 숙부께서 조정의 부름을 받아가는 인편人便에 간략하게 문후問候하는 글을 써 올립니다. 아버님과 종숙부의 편지 두 통과 고모님의 편지를 함께 봉하여 올립니다. 바라건대 함께 받아 살펴 주시는 것이 어떻겠습니까. 나머지는 줄이옵고 어르신의 기체氣體가 도학道學을 보위하고 만안萬安하시어 조야朝野의 여망輿望에 부응하시기를 비옵니다. 예禮를 다 갖추지 못한 채 편지를 올립니다.

상국 앙재 최숙생[20]에게 올림[上盎齋崔相國淑生]

관례冠禮를 올린 지 6년이 되었습니다. 마땅히 상금해고床琴偕鼓[21] 하시는 데 한번 나아가 배알拜謁하여야 진실로 웃어른을 공경하는 것이고 사람으로 지켜야 하는 도리를 도탑게 하는 것입니다. 그러나 서울과 시골은 떨어져 있고, 어린 아이들을 멀리 내보내는 것은 부모께서 바라는 바가 아닌 까닭에 아직 정성을 기울이지 못하였습니다. 서울 하늘 바라보니 그리움과 죄송한 마음이 성인成人이 되기 전보다 배나 됩니다. 삼가 조정에 올랐을 때는

---

19) 경연(經筵) : 임금 앞에서 경사(經史)를 강독하고 논평하는 일을 관장하는 관청이다. 경연관은 청직(淸職) 관료 중에서 겸직으로 임명하며, 경서 강론이 끝난 뒤 고금의 도의, 정치와 당면 문제를 토론하였다.

20) 최숙생(崔淑生, 1457~1520) : 자는 자진(子眞), 호는 앙재(盎齋), 시호는 문정(文貞)이며, 본관은 경주이다. 갑자사화(甲子士禍) 때 신계(新溪)로 유배되었으나, 중종반정으로 풀려나 대사헌·우찬성에 올랐다. 영의정에 추증되었으며, 저서로는 『앙재집』이 있다.

21) 상금해고(床琴偕鼓) : 부부가 다정스럽게 해로(偕老)하는 것이다.

도학道學을 강독講讀하여 성총聖聰을 열어 정일존심精一存心[22]케 하시고, 나라를 태산泰山같이 편안한 곳에 두셨으며, 조정에서 물러나 집에 계실 때에도 덕을 쌓고 몸을 건강하게 보전하시며, 고모께서도 같은 마음으로 도우시니 온 집안이 완전히 조정 같으리라 생각합니다. 아직 젓 비린내 나는 나이밖에 안 되는 저의 처지를 돌아보면, 어찌 감히 조정의 일을 말하겠습니까. 다만 지금 형세로 보아 나라가 다스려지느냐 마느냐는 오직 대감께서 조정에 나아가느냐 마느냐에 달려 있어 온 나라 백성들의 기대와 촉망囑望이 마치 큰 가뭄에 비를 기다리는 것과 같습니다.

삼가 엎드려 생각해 보니, 나아가시나 물러나시나 근심이 날로 깊어져 밤에도 편안히 주무실 틈도 없을 것입니다. 다만 구구한 마음이 간절히 염려할 뿐입니다. 아직 어린 아이인 저[承]의 병은 몸이 조금 회복되었으며, 집안 대소가大小家에는 두드러진 일이 별로 없어서 다행입니다. 저는 이른바 학업에 나아간다고 하지만 마음은 이미 밭 갈고 씨 뿌리며 농사하는 일에 매어 있어 학업에만 전념할 수 없습니다. 후직后稷을 배우려는데 남아 있는 관계된 책을 얻을 수가 없습니다. 항상 맹자孟子의 정철법井徹法[23]을 읽습니다만, 재질이 천박하고 아는 것이 어두워 깊이 꿰뚫지 못합니다. 제 어찌 장차 농업을 일으켜 백성을 살찌게 할 수 있겠습니까? 감히 여러 의심나는 곳을 한 조문條文씩 차례로 적어서 올리려 합니다.

---

22) 정일존심(精一存心) : 정일(精一)은 "정밀하게 하고 한결같이 한다."는 뜻이며, 존심(存心)은 "마음에 새겨두어 잊지 않는다."는 뜻이다. 『맹자』「이루 하(離婁下)」에 "군자가 일반 사람과 다른 것은 그 마음을 두는 곳이 있기 때문이니, 군자는 인(仁)을 마음에 두며 예(禮)를 마음에 둔다.[君子所以異於人者 以其存心也 君子以仁存心 以禮存心]"고 하였다.

23) 정철법(井徹法) : 주나라 시대의 토지 및 조세 제도로서 정전제(井田制)에 철법(徹法)을 시행하는 제도이다. 『맹자』「등문공 상(滕文公上)」에 "하후씨(夏后氏)는 50무(畝)에 공법(貢法)을 썼고, 은나라는 70무에 조법(助法)을 썼고, 주 나라는 100무에 철법(徹法)을 썼는데, 그 실제는 모두 10분의 1이다.[夏后氏 五十而貢 殷人 七十而助 周人 百畝而徹 其實 皆什一也]"라고 하였다. 공법(貢法)은 여러 해의 평균 수확량을 산출하여 풍년과 흉년을 가리지 않고 10분의 1을 납세하는 제도이며, 조법(助法)은 토지를 정(井)자 형태로 아홉 구역으로 나누고(정전제), 여덟 집이 주변의 한 구역씩을 경작하고 중앙의 한 구역은 공전(公田)으로 하여 그 곳 소출을 국가에 납세하는 제도로서 풍년과 흉년의 수확량 변동이 자연히 반영되었다. 철법(徹法)은 공법과 조법을 겸용하는 제도로서, 향(鄕, 왕성에서 50리 이상 먼 곳)과 수(遂, 왕성에서 100리 이상 먼 곳)에서는 공법을 쓰고, 도비(都鄙, 왕기(王畿) 지역)에는 조법을 쓰는 제도이다.

종형께서 돌아올 때 상세히 가르침을 내려 주십시오. 대감께서 지은 책 가운데 백성들에게 농사를 가르치는 것과 선비들에게 학문을 일으켜 장려하는 것이 있으면 그 글 모두 대감을 모시는 아전들을 시켜 베껴서 내려 보내주시는 것이 어떻겠습니까? 너무나 갈망하다 보니 분수에 넘치는 것도 깨닫지 못합니다. 나머지는 줄이옵고, 삼가 나랏일에 만안萬安하셔서 공사간公私間의 일에 다행이 되기를 빕니다. 예를 갖추지 못하고 편지를 올립니다.

금계 황준량24)에게 답함[答黃錦溪俊良]

이미 누추하고 적막한 구역에 귀인께서 행차를 해주시어 서울에서 십년을 같이 보낸 안면顔面을 즐겁게 해 주셨습니다. 그런데 지금 또 개인价人25)을 보내 안부를 물어 친구의 정의情誼를 거듭 밝혀 주시니, 이 의리를 어찌 감히 잊겠습니까?

부임 행차가 아름답고 정사政事를 담당하신 기체氣體가 만안萬安한 것은 잘 살펴 알았는데, 이는 모두 바라고 빌었던 것입니다. 다만 공무를 마치고 한가로울 때 무엇으로 즐거움을 삼고 있습니까? 평소에 스승님으로부터 받은 가르침에 따라 향사鄕士들을 향리鄕里 학교學校에 크게 불러 모아 공부를 권장하고 예의로 인도하여 관내의 교화가 흡족하도록 하시면 무성武城26)과 남강南康27)에서의 일이 어찌 옛날에만 있었던 아름다움이라 하겠습니까?

---

24) 황준량(黃俊良, 1517~1563) : 자는 중거(仲擧), 호는 금계(錦溪), 본관은 평해(平海)이다. 퇴계문인(退溪門人)이자 농암 이현보(李賢輔)의 손서(孫壻)로서, 춘추관 기사관·지평(持平)에 제수되었으나, 모함을 당하자 외직(外職)을 자청하여 신녕 현감(新寧縣監)으로 나갔다. 1560년 성주 목사에 임명되어 4년간 재임하다가 병으로 사직하고 돌아가는 도중 예천(醴泉)에서 별세하였다. 풍기(豊基) 우곡서원(遇谷書院), 신녕(新寧)의 백학서원(白鶴書院)에 배향되고, 저서로는 『금계집(錦溪集)』이 있다. 지방 수령으로 있으면서 민생과 교육에 관심이 많아 부세(賦稅) 경감과 흥학(興學)을 위해 노력하였다. 특히 빈부격차를 줄이고, 부호들의 토지겸병과 백성의 유리(遊離)를 막기 위하여 정전제를 시행할 것과 어렵다면 한전제(限田制)를 시행하자고 주장하였다.

25) 개인(价人) : 향사(鄕士)로서 군무(軍務)를 담당하는 사람이다.

26) 무성(武城) : 중국 산동(山東) 지방에 있는 현(縣)이다. 공자의 제자 자유(子游)가 무성(武城)의 읍재(邑宰)가 되어 스승의 가르침에 따라 백성을 예악(禮樂)으로 교화하여 고을 안에 현가지성(弦歌之聲)이 들렸다. 『논어』「양화(陽貨)」에 "공자께서 무성으로 가시니 현가의 소리를 들으셨다.[子之

저는 분수分數에 따라 농사지어 배 불리 먹고 쉬기도 하며 임금의 은택恩澤을 노래하고 지낼 뿐이니, 어찌 씨앗 심고 농사짓는 데 볼 만한 것이 있겠습니까? 보내 주신 편지에 "우리나라에서 후직의 사업을 다시 본다."고 일컬으니, 군자君子께서 하신 말씀으로는 채택할 바가 못 됩니다. 세상이 저를 비웃고 아울러 영형令兄도 비웃을 것이니, 다시는 그러지 않는 것이 어떠하겠습니까.

은혜로이 내려주신 몇 종류 물건은 사양하자니 공손하지 못하고, 받아들이자니 편안치 못합니다. 그러나 편치 못한 것이 공손치 못한 죄를 범하는 것보다 낫겠습니다. 예禮는 서로 오고 가는 것을 숭상하나, 궁벽한 골짜기는 시장이 멀어 구할 수 있는 것이 달리 없습니다. 다만 저의 농장에서 나오는 배와 밤 약간으로 만분의 일이라도 보답을 할까 합니다. 혹시 물건으로는 아니더라도 정情으로 받아 주시지 않겠습니까? 어느 때쯤 돌아오실 여가가 있는지요. 지나는 길에 다시 찾아 주시리라 꼭 마음에 담고 있겠습니다.

회당 신원록28)에게 주다[與申悔堂元祿]

이별 후 해가 바뀌어 봄도 반이 지났습니다. 우러러 생각하기에 부모님 모시고 기쁨과 경사가 늘어나며, 성리性理를 익힘이 더욱 새롭지 않으십니까. 저는 일찍이 집 짓는 일을

武城 聞弦歌之聲]"는 말이 있다.

27) 남강(南康) : 중국 강서성(江西省) 여산(廬山)에 있는 현. 남송(南宋) 순희(淳熙) 5년(1178)에 주자가 남강의 장관에 임명되어 여산 기슭에 백록동서원(白鹿洞書院)을 세우고 학문을 강마(講磨)하였다.

28) 신원록(申元祿, 1516~1576) : 자는 계수(季綏), 호는 회당(悔堂), 본관은 아주(鵝州)이다. 남명(南冥) 조식(曺植)의 문하생을 거쳐 주세붕(周世鵬)이 백운동 서원을 세우자 그 문하생이 되었다. 퇴계 선생이 풍기 군수로 재임시에 백운동서원에 머물며, 구봉령·조목 등과 강론·교유하였다. 학행으로 관학교수(官學敎授)를 역임하였다. 향리에서 빈민 구제를 위하여 진휼장(賑恤場), 유생을 모아 수학시킨 업유재(業儒齋) 등을 설립하였다. 모재(慕齋) 김안국(金安國)을 흠모하여 명종 11년(1551)에 장천서원(長川書院) 설립을 주도하였다. 호조 참의(戶曹參議)에 추증되었고, 의성 장대서원(藏待書院)에 배향되었다. 『회당집(悔堂集)』이 있다.

하려 하였고 빨리 지으라는 주변의 깨우침도 있었지만, 글 읽는 사람이 날로 늘어나 방이 점점 비좁아졌습니다. 그래서 전에 논의하여 잡아 두었던 구고九皐에 어제 공사를 시작하였습니다. 상량上樑하는 날 상량문上樑文이 없을 수 없으니, 그 책임은 이 고을을 빙 둘러보아도 우리 형만한 분이 없으니 우리 형이 이 일을 맡지 않으면 또 누가 맡겠습니까. 마음으로 부탁하오니 그때 가서 실망失望하지 않게 해 주십시오.

전에 인심人心과 도심道心에 관한 것을 마주 앉아 토론하였는데, 지금 다시 생각하니 마음은 본래 하나이지만 외부로 표현될 때 조금이라도 지나치거나 부족한 점이 있으면 마땅히 인심人心에 속합니다. 오직 지나치거나 부족한 점이 없어 중도中道에 맞은 뒤에는 비로소 도심道心이라고 말할 수 있다고 여겨지는데, 이에 대한 형의 생각에는 어떠합니까? 마음에 들지 않으면 다시 올바른 의론을 내려 주셔서, 이 의심의 단서를 깨뜨려 주심이 어떠하신지요.

사간 최경홍[29]에게 답함[答崔司諫景洪]

근간에 소식이 끊겨 멀리 바라보며 마음이 울적하던 때, 편지를 얻어 펴 보기도 전에 무척 기뻤습니다. 하물며 저를 위양渭陽[30]의 후예後裔라고 말씀하시며, 경향천리京鄕千里 머나먼 곳에서 번거롭게 편지를 보내셨으니, 보낸 뜻이 평범하지 않습니다. 저를 세상 사람을 구제할 재주를 가진 사람으로 계속 취급하시니, 영집사令執事[31]의 뛰어난 식견이 어찌 저에게만은 그렇게 밝지 못합니까? 부끄러워 읽을 수가 없습니다. 어찌 제가 감당하기나 하겠습니까.

이러한 때 조정에서 직무를 맡아 임금을 좌우에서 모시는 기체氣體가 만안하시리라

29) 최경홍(崔景洪) : 최숙생(崔淑生)의 아들이다.
30) 위양(渭陽) : 외가(外家)를 말한다. 『시경』「진풍(秦風)·위양(渭陽)」에 "내가 외숙(外叔)을 전송하러 위양(위수의 북쪽)에 이르네.[我送舅氏 曰至渭陽]"라고 하였다.
31) 집사(執事) : 귀인(貴人)의 존칭 밑에 붙여 쓰거나, 귀인의 대명사(代名詞)로 쓴다.

생각하니, 공적으로나 사적으로 크게 축원하는 바로서 실로 예사스러운 일이 아닙니다. 집에 물러나 계실 때에도 댁내의 제절諸節이 태평스러운 교화敎化를 골고루 입어서 화평하시겠지요.

저의 대소 식구들은 각자 무사합니다. 다만 이 몸은 보잘 것 없어 그대로 초야草野의 천한 농부입니다. 어찌 토지를 잘 살피고 농사법을 가르치는 능력이 있겠습니까? 영집사令執事께서는 매번 저를 우리나라에 요순 시대의 농사 스승이 다시 나타났다고 칭찬하여, 지방관의 행차가 빈번하게 누추한 골목에 이르도록 하고, 또 도道의 감사監司께서는 안부를 묻는 일도 있게 하니 저는 두려움에 움츠러들어 어찌해야 할지를 모르겠습니다. 벌써 사람들을 속였는데 이 일을 그치지 않을 것 같으면 장차 임금을 속인 죄를 면하기 어려울 것입니다. 이렇게 되면 영집사도 사람을 뽑아 천거하는 것이 공정하지 못하였다는 비웃음을 면치 못할 것입니다. 이후로는 여러 사람 입에 산山 같은 거품은 생기지 않도록 하시는 것이 어떠하겠습니까? 나머지는 줄이고 오래되지 않아 과거科擧보러 가는 인편에 다시 말씀 올리겠습니다. 예를 다 갖추지 못합니다.

영산 이응인[32]에게 주다[與李靈山應仁]

멀리 떨어져 살고 있으니 얼굴을 맞대기가 쉽지 않은 것은 당연한 것입니다. 그런데 편지로 서로 안부를 묻는 것도 쉽지 않으니, 이 어찌 양쪽에서 감당할 수 있는 것이겠습니까? 동쪽으로 흘러가는 구름을 바라보며, 마음만이 치달려 가는 것을 그만두지 못합니다. 공경히 살피건대, 이번에 집에 계시면서 많은 여가에 집에 있는 책을 읽고, 선대先代로부터 이어오는 가학家學을 강독講讀하여, 돌아가신 선생님의 도학道學을 세상에 다시 찬연히 밝혀 뒤에

32) 이응인(李應仁, 1535~1592) : 자는 경이(敬而), 호는 수암(守庵)이다. 음보(蔭補)로 신녕과 영산(靈山) 현감에 제수되었다. 회재 이언적 선생의 종제(從弟)인 이통(李通)의 아들로서 회재선생에게 입후(立後)되었다.

오는 학자들에게 무궁하게 내려 주시리라 봅니다. 합절閤節[33] 께서는 또 어떻게 지내고 계십니까.

저의 대소 집안은 모두 별고 없습니다. 천한 몸이 약간 공부한 것으로는 『대학』과 시서詩書 몇 부인데, 모두 들에서 농사를 과업으로 하여 마음이 빼앗겨 버렸습니다. 일찍이 돌아가신 선생님 아래에서 강독하고 질문한 날이 짧아, 깨달은 바가 있어도 까마득하게 잃어버렸습니다. 또 곁에 힘써 도와주고 기회가 생길 때마다 꾸짖고 권면하는 사람이 없으니, 이와 같으면 어찌 소인배小人輩의 무리에서 벗어날 수 있겠습니까? 돌아가신 선생님의 가르쳐 주신 뜻을 극도로 저버린 것이니, 다른 날 무슨 얼굴로 선생님을 지하地下에서 뵙겠습니까? 바라오니 온고지신溫故知新을 강구하는 겨를에 저를 멀리 내버려 두지 마시고, 가끔 은혜를 내려 서로 권면하여 손을 잡고 같은 지향점으로 돌아가는 것이 어떻겠습니까. 이는 인척간에 서로를 구원해주는 의리일 뿐만 아니라 간절히 좋은 일을 서로 권하는 책선責善의 도리가 아니겠습니까. 잘 살펴 주시기 바랍니다.

응교 류순선[34] 에게 답함[答柳應教順善]

경저京邸[35] 에서 만나 뵈었던 것이 이미 지난 해 일이 되었습니다. 천리 먼 곳에서 생각하니 한강漢江의 밝은 달은 언제나 숲속의 창문을 비춰주겠지요. 홀연 관아官衙의 인편으로 편지를 얻어 보았습니다. 우러러 살피건대, 춘방春坊에 재직하여 충성을 다하여 보좌하시니, 이 반도강산을 요순시대의 세상처럼 밝게 만드실 줄 알 것 같습니다. 구구하게 흠모하는 칭송이 어찌 저에게만 있을 뿐이겠습니까.

---

33) 합절(閤節) : 합내(閤內)라고도 하며, 편지에서 남의 가족을 높여 이르는 말이다.
34) 류순선(柳順善, 1516~1577) : 자는 순중(純仲)이며, 호는 소재(素齋)이다. 사가독서(賜暇讀書)를 하였고, 홍문관 교리·사헌부 응교·성균관 대사성·강원도 관찰사를 역임하였다.
35) 경저(京邸) : 조선시대 각 고을에서 서울에 서리(書吏)를 주재시켜 조정과 고을 간에 연락사항이나 보고서, 공물 납부 등의 일을 처리하게 한 사무소이다.

저는 줄곧 낮은 땅의 천한 자질로 농사에도 학문에도 무엇 하나 꿰뚫어 탐구하지 못합니다. 그런데 영집사令執事께서 잘못 아시고 뭔가 해낼 만하다고 여기셔서 이미 농사 스승이라고 칭찬하고 학문 역시 깊다고 허여許與하시나, 아마도 외가外家로서 가깝기 때문에 사랑이 지나쳐 도리어 밝지 못한 데 빠진 것이라 웃을만한 일입니다. 부족한 저에게 굽히셔서 불피설不辟說[36]에 대하여 물어 주셨는데, 선유先儒들의 학설이 각기 달라 과연 깨닫기 어렵습니다. 그러나 주자朱子[37]께서도 최후의 정론定論에서 정주鄭註[38]를 따르셨으며, 또 김씨金氏와 호씨胡氏의 학설도 똑같아 다름이 없어 이에 함께 베껴서 올리니, 한번 보시면 귀착歸着되는 뜻을 알 수 있을 것입니다. 나머지는 줄이옵고 사체仕體와 절도節度가 더더욱 여유롭게 되셔서, 멀리서의 염려에 부응副應해 주시기 바랍니다.

정강성鄭康成[39]이 말하기를 "주공周公이 유언비어流言蜚語의 난亂을 만났을 때, 피하여 동도東都에 머물렀다."[40]고 하였습니다.

---

36) 불피설(不辟說) : 주(周)나라 무왕(武王)이 별세한 뒤에, 주공(周公)이 섭정하였는데, 그 형제인 삼숙(三叔, 관숙(管叔)·채숙(蔡叔)·곽숙(霍叔))이 "주공이 어린 왕[成王]에게 이롭지 못하다."라는 유언을 퍼트렸다. 이에 주공이 "내가 피하지 않으면 나의 의리를 다하지 못한 바가 있게 되어, 선왕에게 고할 수 없다.[我之不辟 我無以告我先王]"(『書經』「周書·金縢」)라고 하였다. 그리고 나라의 동쪽에 가서 2년을 살았는데, 유언을 퍼트린 죄인이 붙잡힌 뒤에 성왕이 비로소 주공을 맞아들였다. 이때 '나라의 동쪽에 간 것'을 정현(鄭玄)은 '동도에 피해 가서 살았다[避居東都]'고 하고, 공안국(孔安國)은 '동쪽을 정벌하였다[東征]'고 하였다. 주자(朱子)는 처음에는 『시집전(詩集傳)』에서 공안국의 학설을 따랐으나, 만년(晩年)에는 채침(蔡沈)에게 보낸 편지에서 정현의 학설을 따랐다.

37) 주자(朱子, 1130~1200) : 중국 남송(南宋)의 유학자. 본명은 희(熹), 자는 원회(元晦), 호는 회암(晦庵)이며, 시호 문공(文公)이다. 복건성 우계(尤溪)에서 출생하였으며, 24세 때 이연평(李延平)을 만나 사숙(私淑)하면서 유학에 정진하였다. 그의 강우(講友)로는 장남헌(張南軒)·여동래(呂東萊)가 있었고, 논적(論敵)으로는 육상산(陸象山)이 있었다. 상호 절차탁마(切磋琢磨)하여 학문을 비약적으로 발전시키고 또 심화하여 중국 사상사(思想史)에서 전례 없는 사변철학(思辨哲學)과 실천윤리의 체계를 확립하였다. 대표 저서로 『사서집주(四書集註)』, 『주문공문집』 100권, 『속집』 11권, 『별집』 10권이 있다.

38) 정주(鄭註) : 중국 후한(後漢) 정현(鄭玄)이 단 고전의 주석(註釋)이다.

39) 정강성(鄭康成, 127~200) : 정현(鄭玄)을 말한다. 자는 강성(康成)이며, 마융(馬融)에게서 배웠다. 훈고(訓詁)에 힘썼다. 경서 해석에 있어 대가로서 『주역(周易)』·『모시(毛詩)』·『예기(禮記)』·『논어(論語)』·『효경(孝經)』 등을 주석하였다.

40) 동도(東都)에 머물렀다 : 주공이 유언(流言)을 피하여 동도에 머문 일을 말한다. 주공(周公)은 중국

주자는 채중묵蔡仲默[41]에게 답하는 편지에서 다음과 같이 말하였습니다. "불피설不避說은 마땅히 정씨鄭氏의 학설을 따른다. 이때에 삼숙三叔[42]이 바야흐로 나라 안에 말을 퍼트려서, 주공이 친형제 사이에 끼어 있는 상황이 되었는데, 어찌 말로서 생긴 일에 대응하여 갑자기 군사를 일으켜 그들을 주벌誅罰하겠는가? 성인聖人의 기상은 이와는 크게 다르다. 또 성왕成王[43]이 바야흐로 주공을 의심하였는데, 주공이 왕에게 청하지 않고 스스로 그들을 주벌하지는 않았을 것이다. 만약 왕에게 청하였더라도 왕이 역시 꼭 따라주지는 않았을 것이니, 당시의 사세事勢는 기필할 수 없었던 것이다. 그러나 비록 '성인의 마음은 공평정대公平正大하다'고 하나, 구구한 혐의嫌疑를 저절로 피하지는 못한다. 다만 순舜 임금이 요堯 임금의 아들을 피하여 남하南河[44]의 남쪽으로 가고, 우禹 임금이 순 임금의 아들을 피하여 양성陽城[45]으로 간 것처럼, 이와 같이 자연스럽게 부합하여야 한다. 만약 요 임금의 궁전에서 살면서 요 임금의 아들을 핍박逼迫한다면, 왕위를 강제로 빼앗는 찬탈簒奪이 된다. 누군가는 '성왕이

주(周)나라의 정치가로서 이름은 단(旦)이다. 문왕의 아들이며, 무왕의 동생이다. 어린 성왕(成王)을 보필하여 주 왕조의 기초를 닦았다. 삼감(三監)의 난을 평정하였고, 동도(東都, 현 낙양(洛陽))을 건설하였으며, 예악과 법도를 제정하였다. 중국 고대의 정치·사상·문화 등 다방면에서 위대한 공로자로 추앙받고 있으며, 유학에서는 성인(聖人)으로 존숭되고 있다. 성왕이 어려서 즉위하여 주공이 섭정이 되었는데, 은나라 후예 무경(武庚)이 주공의 형제인 관숙(管叔)·채숙(蔡叔)·곽숙(霍叔)(이 세 사람을 삼감(三監)이라고 함)과 함께 반란을 일으켰다. 이때 그들은 주공이 왕위를 빼앗으려 한다고 유언비어를 퍼트리고, 성왕도 한때 현혹되었다. 주공은 내부를 단속하며 진압에 나서서 3년 만에 평정하였다.

41) 채중묵(蔡仲默, 1167~1230) : 본명은 채침(蔡沈)이며, 중묵은 자(字)이다. 남송의 학자이며, 주자의 제자이다. 그를 또 구봉선생(九峰先生)이라고 한다. 저서에 『서경집전(書經集傳)』·『홍범황극내편(洪範皇極內篇)』이 있다.

42) 삼숙(三叔) : 삼감(三監)을 말하는데, 삼감은 관숙(管叔)·채숙(蔡叔)·곽숙(霍叔)이다.

43) 성왕(成王) : 주나라 2대 왕으로 무왕의 아들이다. 어려서 즉위하여 주공이 섭정하였다. 주공은 섭정 7년만에 정사를 왕에게 넘겨 드렸다. 성왕은 주공, 소공(召公)의 보좌로 치세에 힘을 기울여 다음 강왕(康王) 때까지 주나라의 성시(盛時)를 실현하였다.

44) 남하(南河) : 순(舜)은 요(堯) 임금 재위시에 섭정을 오래하였다. 요 임금이 별세하자 그 아들 단주(丹朱)에게 왕위를 양보하기 위하여 남하(南河)로 피해 가서 3년을 보냈으나, 제후들이나 백성들이 단주를 버리고 찾아오자 하는 수 없이 도성으로 돌아가 왕위에 올랐다고 한다.

45) 양성(陽城) : 중국 하남성(河南省)에 있는 도시이다. 순 임금이 별세한 뒤에 우(禹) 임금도 순의 아들 상균(商均)을 피하여 양성으로 갔으나 제후들이 그를 따르자 왕위에 올랐다고 한다.

주공을 의심한 까닭에 주공이 동도東都[46]에 머물렀다. 불행히 성왕이 끝내 깨닫지 못했다면 주공이 어떻게 대처했을지 알 수 없다.'고 하나, 나는 '주공 역시 오직 충성을 다해야 할 뿐이다.'라고 말하겠다."

인산 김씨仁山金氏[47]는 "고문상서古文尚書에 피辟 자를 피辟 자로 썼다. 고문古文의 '군피君辟'·'형피刑辟'라 할 때의 피辟 자는 모두 피侵자로 썼으나, 오직 이곳에서만 피辟 자로 썼다. 이것은 반드시 공벽孔壁[48]에서 나온 글이 본래 피避 자였기 때문이다. 피辟는 해성諧聲[49]인데, 착辵과 정井을 합한 글자로서 이는 모두 피避의 뜻이다."라고 말하였습니다.

호씨 가록胡氏家錄[50]에 "성왕成王이 주공周公을 의심하였기 때문에 주공이 동도에 머물렀다. 만일 성왕이 끝내 깨닫지 않았으면 왕실은 반드시 위태로웠을 것이고, 천하도 반드시 어지러워졌을 것인데, 주공은 충성을 다하였었다. 성인聖人이 하늘과 하나로 부합하였으니, 무엇을 마음에 두었겠는가?"라는 말이 있습니다.

---

46) 동도(東都) : 중국 하남성(河南省) 낙양(洛陽)을 말한다. 주 나라 수도는 호경(鎬京, 현재 서안(西安) 부근)인데, 성왕 때 낙양에 성을 쌓아 동도(東都)라 하고, 동쪽 지방을 진정시키는 역할을 하도록 하였다. 후에 동주(東周) 시절에는 수도가 되었다.

47) 인산 김씨(仁山金氏, 1232~1303) : 송말(宋末) 원초(元初)의 유학자이다. 본명은 이상(履祥)이며, 자는 길보(吉甫), 절강성(浙江省) 난계(蘭溪) 출신으로 인산선생(仁山先生)으로 불려졌다. 주자의 학통을 이어받아 왕노재(王魯齋)와 하북산(何北山)에 전하였다.

48) 공벽(孔壁) : 옛 공자가 살던 집의 벽(壁). 한(漢) 무제(武帝) 때, 제후국 노(魯) 나라 공왕(恭王)이 궁궐을 넓히려고 주변 집을 헐 때에 공자의 옛 집 벽 속에서 고문(古文)으로 된 『고문상서』·『논어』·『예기』·『효경』 등 수십 책이 발견되었다.

49) 해성(諧聲) : 한자(漢字)의 육서(六書)의 하나이며, 둘 이상의 부분으로 글자가 이루어진 경우 한 부분은 음(音), 다른 한 부분은 뜻을 나타내는 것을 말하며, 형성(形聲)이라고도 한다.

50) 호씨 가록(胡氏家錄) : 호씨 집안의 문서로, 원대 학자인 호방평(胡方平)과 그 아들 호병문(胡炳文)의 기록으로 보인다.

준수 이광준[51]에게 답함[答李俊秀光俊]

서로 토론을 못한 지 벌써 한 달이 넘어 날마다 찾아오시기를 기다렸더니, 드디어 편지가 이르렀다네. 펴서 두 번 세 번 읽어보니 얼굴 마주하여 토론하는 것과 조금도 다르지 않아 오히려 기쁘다네. 하물며 고향에서 돌아와 집안의 어른 아이 할 것 없이 모두 태평한 데 있어서이겠는가!

나는 농사일과 집 짓는 일 때문에 관계있는 사람들과의 교유에 골고루 마음을 기울이지 못하네. 또 그대가 떠난 뒤로 숙사塾舍에 있는 사람과 숙약塾約에 가입한 사람에게 규율하고 권면할 사람이 아무도 없어 또 걱정이네. 다만 회기會期가 멀지 않다는 것을 알려 주고, 이 때문에 손을 꼽으며 잠도 자지 못하고 있네.

굽혀서 나에게 물어준 『대학大學』[52] '정심장正心章'[53]의 네 '유有'자는 너무 중요하게 볼 필요 없네. 만약 '분치忿懥·공구恐懼·우환憂患·호요好樂'의 아래와 '부득기정不得其正' 위의 장구章句 속에 모두 '불능찰不能察' 세 자를 가져다 놓고 보면 좋을 것 같네. 그러나 주자朱子의 학설은 이 네 가지의 요점은 아무 것도 없는 곳에서 발현되어 나오는 것이지, 마음속에 먼저 자리 잡고 있을 수 없는 것으로, 모름지기 '유소有所' 두 자를 보아야 한다고 한 것이며,

---

51) 이광준(李光俊, 1531~1609) : 자는 준수(俊秀), 호는 학동(鶴洞), 본관은 영천(永川)이다. 진사 세헌(世憲)의 손자이니, 학천에게는 처질(妻姪)이 된다. 그는 강원도 관찰사 역임하고 예조 참판에 증직되었다. 장천서원을 빙산사 터로 옮기고 빙계서원으로 이름을 고쳤다. 저서로는 『학동일고(鶴洞逸稿)』가 있다. 빙계서원은 대원군 때 철폐되었다가 2002년 복원하였으며, 이때 지역 유림의 뜻을 모아 학동 이광준을 추배하였다.

52) 『대학(大學)』: 유교 경전 사서(四書)의 하나이다. 원래 『예기(禮記)』의 한 편명(篇名)이었으나 송대(宋代)에 사마광(司馬光)이 따로 떼어서 『대학광의(大學廣義)』를 만들었고, 주자가 『대학장구(大學章句)』를 만들어 주석을 달고 이를 존숭하여 널리 세상에 퍼졌다.

53) 정심장(正心章) : 『대학장구』 전문(傳文) 제7장 '석정심수신(釋正心修身)'을 말한다. 그 전문(全文)은 "이른바 '몸을 닦음이 그 마음을 바르게 하는 데 있다'는 것은 마음에 분치(忿懥)하는 바가 있으면 그 바름을 얻지 못하며, 공구(恐懼)하는 바가 있으면 그 바름을 얻지 못하며, 호요(好樂)하는 바가 있으면 그 바름을 얻지 못하며, 우환(憂患)하는 바가 있으면 그 바름을 얻지 못한다.[所謂修身在正其心者 身(心)有所忿懥 則不得其正 有所恐懼 則不得其正 有所好樂 則不得其正 有所憂患 不得其正]"이다.

정자程子의 학설로는 “마음의 바름은 저울과 같아, 물건을 올려놓지 않은 때면 저울은 평평하지 않음이 없지만, 한 줌이라도 올려놓으면 곧 기울어진다.”고 한 것이네. 두 선생님의 학설이 모두 ‘유有’자를 보는데 힘을 기울였네. 또 노옥계盧玉溪54)·김인산金仁山의 학설은 모두 두 선생님의 학설을 근거로 하고 있네만, 김씨의 학설이 ‘유’자를 보는데 힘을 기울였을 뿐만 아니라, 분치·공구·우환·호요 네 자를 보는데도 힘을 기울였네. 그러나 이는 나같이 어리석은 사람이 쉽게 생각하고 분변할 수 있는 것이 아니네. 바라노니 다시 만나서 여러 사람이 충분히 난상토론爛商討論함이 어떨지 모르겠네.

진사 조희로55)에게 답함[答趙進士希老]

편지 받은 뒤 봄 기운이 가득하여 그리움이 더욱 간절하더니, 홀연 편지를 받고 소상小祥이 다가온 것을 알았습니다. 미처 가보지 못하는 고통이 다시 더욱 새롭습니다. 효도孝道를 끝없이 해 드리고 싶은 것은 어찌 그대라고 그렇지 않겠습니까만, 효도하려다가 효도를 상하게 하는 것을 선성先聖이 경계하였습니다. 바라건대 슬픔을 줄이고 몸을 삼가서 지하에 계신 자당慈堂께 근심을 끼치지는 마십시오.

나는 연초에 비록 규약規約에서 정한대로 여러 사람들과 일차 모여서 회강會講하려 하였으나, 서숙書塾의 젊은 사람들은 세모歲暮에 모두 흩어져 돌아간 뒤 아직까지 돌아와 모이지 않고 있습니다. 조카 무리들도 또한 모두 세배歲拜 차 각자 인척이나 친구들 집으로 가서 혹은 돌아오고 혹은 돌아오지 않고 있으며, 돌아온 자들도 아직 책상에 마주 앉아 공부에 매달리지는 않고 있습니다. 참으로 독서 여가에 인사人事가 저절로 어수선해지는 것을 깨닫습니다. 별지別紙로 저에게 물으신 것을 보니 어머니의 상중에 게으르지 않았다는 것을 넉넉히

54) 노옥계(盧玉溪) : 노진(盧禛, 1518~1578)을 말한다. 호는 옥계, 시호 문효(文孝)이다. 대제학 퇴계 이황·남명 조식·이항·임훈 등과 망년지교(忘年之交)를 맺었다고 한다.

55) 조희로(趙希老, 1538~?) : 자는 인수(仁叟), 본관은 양주(楊州)이다. 진사(進士)이며, 학천의 손자 혼천(混天)의 장인이다.

알 수 있습니다. 반드시 직접 실천하고 그대로 지나쳐 버리는 일이 없는 지극한 마음이라고 생각합니다. 무척이나 감탄하면서 간략하게 저의 어리석은 견해를 다음과 같이 다시 보내드리니, 바라건대 가려서 보시고 반박反駁하는 글을 돌려보내 주십시오.

고대古代에는 대代마다 다른 사당[廟]에 모셨으나, 중고中古에는 간략하게 하여 같은 사당에 감실龕室만 따로 하는 제도가 되었습니다.

어머니의 상기喪期가 끝나서 위패位牌를 사당에 모실 때는 마땅히 아버지의 감실에 모셔야 하는 것으로, 어머니와 아버지의 관계는 살아서는 몸을 나란히 하고 죽어서는 같은 무덤에 묻히고 같은 독櫝을 쓰기 때문입니다. 자손이 아버지 할아버지를 따르는 것과는 예의禮儀가 다릅니다. 지금 길제吉祭를 아직 지내지 않아 위패를 배설配設하지 않고 있다는 뜻은 비록 독에 위패를 합하지는 않았으나, 또한 몸을 가지런히 한 뜻을 돌아보지 않는 것이니 어찌 옳겠습니까? 어찌 자손의 위패를 모신 자리에 낮추어 나아가, 굽혀서 동쪽에 앉힌단 말입니까!

담제禫祭[56]는 『가례家禮』에서 대상大祥 후 중월中月에 담제禫祭를 지낸다고 하고, 주註에서는 한 달을 중간에 둔다고 하였으며, 초상으로부터 이때에 이르도록 윤달[閏月]은 계산하지 않으며, 모두 27개월이라 하였습니다. 장자張子의 학설로는, 삼년상三年喪에서 대상大祥과 담제禫祭는 윤달을 계산한다고 하였습니다. 윤달을 계산하지 않는다고 말한 것은 위 글의 소상小祥·대상大祥 조문條文에 모두 '불계윤不計閏' 세 글자가 있기 때문에, 담제 조문에서도 소대상을 따라 그대로 말해 버린 것이지, 소대상과 담제 사이에도 윤달을 계산하지 않는다고 말한 것은 아닙니다. 또 윤달을 계산한다고 말하는 것은 아마 햇수[年數]로 하면 윤달을 계산하지 않는 것이고, 달수[月數]로 하면 윤달을 계산하는 것이기 때문입니다. 저의 생각으로는 윤달을 계산하는 학설을 따르는 것이 좋다고 여겨집니다. 바라건대 예법禮法을 잘 아는 집안에 다시 물어서 시행하는 것이 어떨지요.

---

56) 담제(禫祭) : 대상(大祥)을 지내고 두 달 뒤, 즉 초상으로부터 27개월 째 되는 달의 정일(丁日)이나 해일(亥日)을 택하여 드리는 제사이다.

외숙모外叔母의 경우, 고례古禮에서는 복服을 입지 않았으나, 개원례開元禮[57]와 국제國制에서는 시마복緦麻服[58]을 입도록 하였으니, 무거운 복제服制인 시마복을 입는 것이 마땅하지 않을까 생각합니다.

외가 친척으로 시집간 여자인 경우, 복제服制를 낮추지 않는다면 여자 적인適人[59]의 복服으로 하고, 외숙모는 시마복으로 하면 아마 무방하지 않을까 합니다.

자인 김사원[60]에게 답함[答金子仁士元]

지난번 향교에서 모였을 때 분위기가 많이 동요되어 조용히 이야기 나눌 수 없었는데, 이별한 뒤 돌아와 보니 그리움이 전보다 배가 되었다네. 홀연 이번 편지를 받아보니 그때의 쌓인 충정衷情을 잘 그려내 주어 여러 번 읽고 또 읽어서 종이가 너덜너덜해지고 먹의 색깔이 바래지는 것도 깨닫지 못하였네. 편지 후에 또 세월이 지나갔구먼. 알지 못하였네만, 근래에 팔순이 되신 자당慈堂께서는 소나무가 오래토록 무성한 것처럼 만수萬壽를 누리시겠지? 층층시하層層侍下에 공부하는 절도節度가 성실하여 조금도 게으르지 않았음을 보내준 글에서 알 수 있었네. 지금 우리 고향의 후진들 가운데 뛰어난 사람으로는 오직 어진 그대를 제일이라 일컫고 있네. 바라건대 더욱 자세를 꼿꼿이 하여 안으로는 추정趨庭[61]의

---

57) 개원례(開元禮) : 중국 당(唐) 나라 현종(玄宗) 개원(開元) 연간에 소숭(蕭崇)이 건의하여 제정·시행된 국가적인 예법이다. 가례(嘉禮)·길례(吉禮)·흉례(凶禮)·군례(軍禮)·빈례(賓禮)의 오례(五禮)가 있다.

58) 시마복(緦麻服) : 망인(亡人)의 상주가 등급에 따라 입는 상복의 다섯 종류 가운데 가장 가벼운 것으로, 아주 가는 숙포로 상복을 만들어 입으며, 복상 기간은 3개월이다.

59) 적인(適人) : 출가(出嫁)한 여자를 말한다.

60) 김사원(金士元, 1539~1602) : 자는 자인(子仁), 호는 만취당(晩翠堂), 본관은 안동이다. 송은선생(松隱先生)의 증손(曾孫)이며, 퇴계 문인이다. 임진왜란 때 의병장·김제 군수·재령 군수를 역임하였다.

61) 추정(趨庭) : 자식이 부모를 모시고 지내면서 그때그때 가르침을 받는 것을 말한다. 공자께서 아들 백어(伯魚)에게 세세히 가르친 적은 없고 그저 뜰을 지나가는 아들을 불러 간접적으로 가르침을 준 고사(故事)에서 나온 말이다. 『논어』「계씨(季氏)」에 "내[鯉]가 종종 걸음으로 뜰을 지나가는데, 물으시기를 '시(詩)를 배웠느냐?'고 하셨다.[鯉 趨而過庭 曰學詩乎]"는 말이 있다.

가르침을 따르고, 밖으로는 당금當今의 학문이 높은 어른의 문하에 찾아가 배움의 실마리를 크게 키우게. 그리하여 친우들이 바라는 바에 깊이 부응하기 바라네.

나 같은 사람은 농사에도 학문에도 하나도 성취한 것이 없고, 서숙의 학생들은 모이거나 흩어짐이 일정하지 않네. 단지 내 마음의 눈만 어지럽힐 뿐이니, 어찌 말할 것이 있겠는가? 몸을 굽혀 물어주신 몇 조문條文에 대해 흐리멍텅함이 심한데다 모든 일에 견문이 적고 용열한 내가 어찌 감히 예禮를 말할 수 있겠는가? 서로 감발하는 부지런함에 감동하여 간략하게 마음속에 생각한 것을 대충 적어 보내니, 가려서 보시고 잘못은 회신해 주기 바라네.

종손宗孫을 세우는 일에 있어서, 예경禮經에서 "장자長子가 죽으면, 둘째 아들을 또한 장자라고 부른다."[62] 라고 하는데, 이로써 미루어 보면 장자가 자식이 없이 죽고 대를 이을 후사後嗣도 세우지 않았으면, 둘째 아들의 아들이 선조先祖를 받드는 제사를 하지 않을 수 없는 것일세.

양자養子로 계통系統을 세운 뒤에 자식이 출생하면, 양자의 인연을 취소하여 파양罷養하는 것이 옳은지 여부.

진晉 나라 하순賀循[63] 은 조카 굉紘을 양자한 뒤에 늦게 자식이 출생하니, 굉을 본가本家에 돌려보냈네. 송宋 나라 호 문정공胡文定公[64] 은 형의 아들 인寅을 양자한 뒤에 두 아들 영寧과 굉宏이 태어났으나, 인으로 후사를 삼았네. 나는 일찍이 마음속에 그만 두는 쪽이나 그

---

62) 장자가 죽으면 …… 장자라고 부른다 : 『상복고증(喪服考證)』「의례(儀禮)·참최장(斬衰章)」의 가소(賈疏, 가공언(賈公彦)의 소)의 주석(註釋)에 "맏아들이 죽으면, 적처(嫡妻) 소생의 둘째 아들을 세우는데, 역시 장자(長子)라고 부른다.[第一子死 取嫡妻所生第二子 立之 亦名長子]"라 하였다.

63) 하순(賀循) : 서진(西晉) 사람으로, 의리(義理)와 예문(禮文)에 밝아 당세의 유종(儒宗)이었다.

64) 호 문정공(胡文定公) : 호원(胡瑗, 993~1059)을 가리킨다. 그의 자는 익지(翼之)이다. 그 조상이 감숙성 안정(安定)에 거주하였으므로 안정선생이라고 한다. 인의와 예악으로 학문을 해야 한다고 주장하였으며 안정학파의 창시자였다. 그의 문하에 정이(程頤)·범순인·진공보 등이 있었다. 호주(湖洲)에서 교수로 있었는데, 경의재(經義齋)와 치사재(治事齋)를 설치하고, 경의재에서는 육경(六經)을 학습하고 경전의 새로운 해석을 시도하는 등 이론에 주력하였고, 치사재에서는 실용의 학문을 습득하여 하나씩 전공을 하게 하여 무사(武事)·수리(水利)·역산(曆算) 등의 학문을 하게 하였다. 명체달용(明體達用)의 학문을 주장하여 사물의 인식에서 체와 용으로 분석하는 태도를 강조하였다.

상대방 모두 두 집의 부모가 서로 상의하여 결정해야 된다고 여겼네. 만약 한쪽 아버지가 죽고 안 계실 때는, 자식이 혼자 마음대로 파양罷養해서는 안 되는 것일세.

예법에 증조부曾祖父를 승중承重[65] 한 경우, 할머니나 어머니가 계시면 나중에 그 할머니나 어머니에 대한 복상服喪은 중복重服이 되므로, 아내는 승중할 수 없다고 말하네. 나는 그동안 사람들이 물으면 그렇게 대답해 왔네. 지금 다시 생각해 보니 고례古禮에 아내는 참최복斬衰服을 두 번 입지 않기 때문에 그 시부모에 대하여 단지 제최복齊衰服 1년을 입을 뿐이라고 하였다네. 그러나 후세에 와서 부인은 계통系統이 별도로 없다는 글에 근거하여, 남편을 따라 삼년상三年喪을 입는다는 제도를 만들어 내었네. 이를 미루어 보면 증조부를 승중한 사람의 아내는 할머니나 어머니가 계시는 것의 여부를 따질 것 없이, 남편따라 삼년복을 입는 것이 옳지 않은가 하네. 그러나 감히 단정적으로 말할 수는 없으니, 바라건대 예를 잘 아는 가문에 널리 물어서 재량껏 처리하시게.

합장合葬에 있어서 공자孔子께서는 "위衛나라 사람들은 합장할 때 떼어 놓고, 노魯나라 사람들은 합장할 때 모은다."고 하셨네. 떼어 놓는다는 것은 두 관棺의 사이에 물건을 넣어 떼어 놓는 것인데, 덧널[外槨]은 하나라네. 모은다는 것도 두 관을 함께 덧널 안에 두는 것으로 떼어 놓는 물건이 없네. 나는 떼어 놓든 모아 놓든 모두 해로운 뜻은 없다고 보네.

조상의 기일忌日이 만약 정조正朝[66] 와 동지冬至인 경우, 초하루와 보름에 새벽 일찍 위패를 모셔 내어와 정침正寢에서 기일제사忌日祭祀를 행하며, 해가 뜨면 사당에 들여 모시고 같이 있는 여러 위패에 참천參薦하네. 예에 합당한 듯하나 제사와 참천은 두 가지 다른 일이며, 축문祝文도 없고 헌작獻爵도 한번 하는 것을 어찌 제사라고 말할 수 있겠는가? 하루에 두 번 제사하지 않는다는 주장을 근거로 하여 기일제사 드리는 자리에 빠뜨리는 것은 옳지 않을 듯하네.

부모가 남긴 의복衣服을 어떻게 처리하는지는 과연 매우 어려운 일일세. 옛날 한漢나라

65) 승중(承重) : 할아버지를 손자가 승계하는 것 같이 대수(代數)를 건너 뛰어 승계하는 것을 말한다.
66) 정조(正朝) : 정월 초하루이다.

때는 원묘原廟에 보관하다가 달이 뜨면 밖에 내놓는데, 그것이 반드시 옳을지 모르겠네. 내 생각으로는 세탁하여 자손 중에 나이가 많은 사람의 의복으로 써도 괜찮을 것 같은데, 옛날에 그러한 예가 없어 역시 감히 단정지어 말하지 못하겠네.

신주방제神主傍題[67]에 있어서, 모재慕齋 김 선생金先生[68]은 과연 신주의 왼쪽 곁에 쓴다는 주장을 하셨네. 내가 옛날에 회재晦齋 이 선생李先生께 물었더니, 마땅히 왼쪽 곁에 써둔다고 하셨네. 나는 회재선생의 주장에 따른다네.

아들 광춘에게 답함[答家兒光春]

하인과 말을 돌려보낸 지 얼마 되지 않아 너의 편지가 관아편으로 와서, 너 어미의 질병에 효험이 있음을 알았다. 너와 너의 두 동생이 전처럼 과제로 준 책을 잘 읽고 있으니, 김씨金氏 어른이 부지런히 가르치는 것을 느낄 수 있구나. 서숙의 여러 학생들도 날마다 부지런히 공부하며, 노소에 상관없이 마을 사람들의 닷새에 한 번씩 모이는 일도 내가 없다고 그만 두지 않았겠지. 나는 도성都城에 들어온 후 부탁한다는 혐의가 있을까 해서 아직 여러 친척 재상가宰相家에 인사도 드리지 않았다. 회시會試 기일이 곧 닥쳐오는데, 모든 것이 매우 군색하다. 그러나 두 종숙從叔께서 극력으로 주선해 주어 크게 염려하지 않는다. 그리고 과거科擧의 합격여부는 하늘의 뜻에 따를 뿐이다. 나머지는 별지別紙에 써두었으니, 여기서는 하나하나 밝히지 않는다.

---

67) 신주방제(神主傍題) : 선대가 별세하여 다음 대의 봉사자(奉祀者)가 제사를 맡게 되면 신주를 새 대수에 맞게 고쳐 써야 하는데 이를 개제(改題)한다고 하며, 이때 신주의 이름 곁에 작은 글씨로 봉사자와 신주의 관계를 봉사자를 기준으로 적어 두는데 신주의 이름 왼쪽 아래에 쓴다.

68) 모재(慕齋) 김 선생(金先生) : 김안국(金安國, 1478~1543)을 말한다. 자는 국경(國卿), 호는 모재, 시호는 문경(文敬)이며, 본관은 의성이다. 김굉필의 문인이며, 대사간·공조 판서·경상도 관찰사를 지냈다. 성리학의 보급에 힘썼으며, 농서(農書)와 의서(醫書)를 간행하였고, 향촌민(鄕村民)의 교화에 힘썼다. 기묘사화에 연루되어 파직되었다가 1537년에 재기용되어 대사헌·대제학을 역임하였다. 인종(仁宗)의 묘정(廟廷)에 배향되었고, 이천의 설봉서원, 의성의 빙계서원에 배향되었다. 저서에는 『모재집』이 있다.

이웃집 초상初喪은 애처롭고 애처롭다. 나이는 요절夭折을 면하였으나, 미성년자와 비교하여 무엇이 다른가. 출상出喪할 때에 너의 종형從兄이 곧 와서 장례하는 일을 보살피지 않았느냐? 어찌 곧장 사람을 시켜서 신씨申氏 어른에게 물어서 행하지 않았느냐? 옛날 예법에 여자가 장례와 제사를 주관하는 것을 허용치 않고, 친척이 없는 사람은 이윤里尹이 그 장례와 제사를 주관한다고 하였다. 지금 이번 장례의 경우는 사종四從 형제 한 사람이 있으니, 사종이 마땅히 상주가 되어야 하고, 죽은 자의 아내는 상주가 될 수 없다. 전에 양자養子로 들어갔던 사람을 파양罷養할 때 두 집이 이미 화합하는 생각으로 하지 않았다면, 이는 인정人情과 은혜恩惠가 어긋나 끊어진 것이고, 또 원족遠族이어서 복服이 없는 경우이다. 본생모本生母의 마음을 돌리게 하는 것은 과연 어려운 일이지만, 지금 참최복斬衰服을 입지 않고 쭉 해오던 대로 길복吉服을 입고서 임시방편으로 장례·제사 일을 주관하는 것은 사종에게 문마[免麻][69]를 입게 하는 것보다 무엇이 나은가?

만약 입후立後한 뒤에 양부養父가 아들을 낳았는데, 본종本宗에서 사손嗣孫이 끊어지면 본종으로 돌려보낸다. 마치 제갈량諸葛亮이 아들 거擧를 보내어 그 형인 제갈근諸葛瑾의 제사를 잇게 한 예例와 같다. 이와 같이 하여, 비록 본복本服이 다 끝난 친親이라도 '한 솥 밥을 먹었으면 시마복緦麻服을 입는다.'는 글에 의거하여 복服을 세 달 동안 입으며, 관직에 있는 사람인 경우 졸곡卒哭 후에 벼슬에 나갈 수 있는 것이다. 그러나 삼년 동안은 순전히 길복吉服으로는 잔치에 참석할 수 없으니, 어떤 때는 '예禮에 대하여 아무 것도 하지 않는 것이 예가 되는 것'이다. 유울지庾蔚之[70]가 말한 "부자父子의 관계는 사랑과 공경, 둘 다 하는 것이니, 어찌 일을 고쳐 먼 친척 같이 할 수 있는가? 계모繼母가 개가改嫁하려는 경우에도 인정人情에 따라 하면 된다."라고 한 것은 바로 이 경우를 말한 것이다.

---

69) 문마[免麻] : 머리에 상관(喪冠)을 쓰고 허리에는 삼베 띠를 한다는 뜻이다. 『예기(禮記)』「분상(奔喪)」에 "자최 이하의 복(服)을 입는 사람이 상주와 다른 것은 문마만 할 뿐인 것이다.[自齊衰以下所以異者 免麻]"라고 하였다. 그리고 그 주(註)에 "머리에 상관을 쓰고 허리에 삼베 띠를 한다. 그래서 다른 것은 문마만 하는 것이라고 한다.[首免要麻絰 故云 所異者免麻]"라고 하였다.

70) 유울지(庾蔚之) : 중국 남북조 시대 유송(劉宋)의 유학자이다. 『예기』에 주해(註解)를 첨가하였다.

잠箴[71]

근잠勤箴

사람이 살아가는 데 있어서 처음부터 끝까지 부지런해야 하는데, 부지런하고 그렇지 않고는 그 마음에 달려 있는 것이다. 장사에 부지런하지 않으면 물자가 유통되는 길이 반드시 막히게 되고, 물건 만드는 일에 부지런하지 않으면 기술技術이 반드시 서투르게 된다. 또 농사짓는 데 부지런하지 않으면 곡식이나 삼[麻] 농사를 반드시 망치게 되고, 선비가 공부하는데 부지런하지 않으면 예의禮義가 반드시 다 사라지게 된다. 이 네 가지 일만 반드시 그런 것이 아니라 온갖 일이 모두 헛것이 되니, 집에서는 불효하게 되고, 나라에서는 불충하게 되고, 형제 사이에 우애하지 못하게 되고, 아내나 자식들과 융합하지 못하게 된다. 처음에 게으르면 결코 끝을 잘 마칠 수 없다. 그러고서도 망하지 않는 것은 혹시라도 들어 보지 못하였다. 오직 한결같음에 마음을 두어 잠시라도 부지런하지 않으면 안 된다.

71) 잠(箴) : 경계하는 글이다.

명銘[72)]

성재명誠齋銘

부모를 봉양하는 것도 반드시 성실해야 하고, 임금과 스승을 섬기는 것도 반드시 성실해야 하며, 형제와 생활하는 것도 반드시 성실해야 하며, 친구를 사귀는 것도 반드시 성실해야 하며, 아내와 자식을 거느리는 것도 반드시 성실해야 하며, 종족宗族을 대접하는 것도 반드시 성실해야 하며, 농사와 독서에도 반드시 성실해야 하며, 걱정이나 즐거울 때도 반드시 성실해야 하고, 일을 추진하는 것도 반드시 성실해야 하며, 말하는 것도 반드시 성실해야 하며, 세상에 나아가 벼슬하는 것과 물러나 집에 있는 것에도 반드시 성실해야 하며, 벼슬을 사양하거나 받아들이는 것도 반드시 성실해야 한다. 진실로 이 열 몇 가지 일에 성실한 사람이라면 어디에 간들 성실하지 않겠는가! 나의 집 이름을 성재誠齋라고 붙인 까닭은 아침저녁으로 보면서 힘써 성실하고자 함이다.

면와명勉窩銘

사람은 마땅히 하지 말아야 할 것이 있으니 실적 없이 공을 바라는 것이며, 사람이 마땅히

---

72) 명(銘) : 한문체(漢文體)의 하나이다. 원래 동기(銅器)에 새긴 명문(銘文)을 말하는데, 어떤 사적을 기록하거나 그 공로자를 찬양하는 글이 많다. 아울러 자신이나 다른 사람을 경계하는 글도 있다. 원칙적으로 운문(韻文)으로 지으며, 일구사언(一句四言)이다. 후한대(後漢代) 이후 죽은 자의 공을 찬양하는 데 채용되어 비명(碑銘)·묘명(墓銘)이 생겼고, 우리나라에서도 묘갈명(墓碣銘)·묘비명(墓碑銘)이 많이 제작되었다.

해야 할 것이 있으니 재물을 가벼이 여겨 어려운 사람을 구제하는 것이다. 하여서 안 되는 것에 도道가 있으니 이익을 도모하지 않는 것이며, 해야 하는 것에도 도가 있으니 의로운 것인지 반드시 살피는 것이다. 모두 의지에 달렸으니 의지를 마땅히 확고히 세워 나의 성실과 공경恭敬을 두터이 하고, 남이 나를 보지 않고 혼자 있을 때조차 몸가짐을 삼가야 한다. 내가 믿는 목표를 지켜 세상의 속된 풍조를 뽑아 버려야 하니, 나는 이것을 생각하고 힘써 명을 써 붙이고 항상 바라보고 있다.

좌우명座右銘

사람의 성性을 이理라 하고, 성을 따르는 것이 도道라 한다. 도는 마음에 근본하는데, 그 마음이 미묘微妙하다. 요堯는 집중執中[73]을 가르쳐 물려 주셨고, 순舜은 정일精一[74]을 보태었으며, 탕湯[75]은 조심하고 두려워하였으며, 문왕文王[76]은 공경하고 삼가셨으며, 주공周公은 사겸삼왕思兼三王[77]하셨으며, 공자孔子[78]는 조술요순祖述堯舜[79]하셨으며, 안자顔子[80]

---

73) 집중(執中) : "진실로 그 중(中)을 잡아라."[允執厥中]라는 말로서 요 임금이 순 임금에게 왕위를 물려줄 때 부탁한 말이다.

74) 정일(精一) : 순 임금이 요 임금이 부탁한 '윤집궐중(允執厥中)' 앞에 12자를 보태어 우 임금에게 왕위를 물려줄 때 부탁한 말이다.

75) 탕(湯) : 중국 고대 상(商)나라 왕조의 창시자이다. 중국 최초로 역성혁명(易姓革命)을 일으켜 하(夏)나라 걸왕(桀王)을 명조(鳴條)에서 이기고, 상나라를 세워 박(亳)에 도읍하였다.

76) 문왕(文王) : 주(周)나라의 기초를 확립한 임금이다. 성은 희(姬), 이름은 창(昌)이다. 별칭으로 서백(西伯)이라고 한다. 무왕과 주공의 아버지로 주나라를 부강하게 하고, 덕치(德治)에 힘써서 제후의 신뢰와 존경을 받았다. 유가(儒家)에서 성인(聖人)으로 숭앙하고 있다.

77) 사겸삼왕(思兼三王) : 주공은 3왕(우왕, 탕왕, 문무왕)의 장점을 다 겸하여 그들의 네 가지 일을 시행하려고 생각하였다. 마음에 합당하지 않으면, 하늘을 우러러 생각하여 밤으로 낮을 이어가면서 하였다. 다행히 좋은 도리를 얻으면 그대로 앉아서 날이 밝기를 기다렸다. 『맹자(孟子)』「이루(離婁)」에 "周公 思兼三王 以施四事 其有不合者 仰而思之 夜以繼日 幸而得之 坐以待旦."이라고 하였다.

78) 공자(孔子) : 이름은 구(丘)이다. 자(子)는 남자의 미칭(美稱)으로 '선생'의 뜻이다. 중국의 사상가이자 유교의 개조(開祖)이다. 중국의 오랜 역사를 통하여 성인으로 존경되어 왔다.

79) 조술요순(祖述堯舜) : 자사(子思)가 공자(孔子)를 두고 "중니(仲尼)는 요·순을 조종(祖宗)으로

는 누항陋巷에서도 즐거워하였으며, 증자曾子[81]는 공자의 도道가 일이관지一以貫之함을 알아[82] 보았으며, 자사子思[83]는 도학道學이 없어질까 근심하였고, 맹자孟子[84]는 사숙제인私淑諸人[85]하였다. 진秦나라가 분서갱유焚書坑儒[86]를 하여 비록 참혹하였으나, 송宋나라 때 하늘이 반드시 회복시켜 주돈이周敦頤[87]·정이程頤[88]·정호程顥[89]·장재張載·주자朱子 등 현인賢人들이

삼아 전술(傳述)하고, 문왕·무왕을 헌장(憲章, 법 받음)하셨다. 위로는 천시(天時)를 따르고, 아래로는 수토(水土)를 따르셨다."고 하였다. 『중용(中庸)』 30장에 "仲尼 祖述堯舜 憲章文武 上律天時 下襲水土."라는 말이 있다.

80) 안자(顔子) : 이름은 회(回)이며, 공자가 가장 아끼고 높이 평가한 제자이다.

81) 증자(曾子) : 이름은 삼(參)이며, 공자의 제자이다. 도통(道統)을 계승하여 그의 가르침은 자사(子思)를 거쳐 맹자(孟子)에게 전해졌다.

82) 일이관지(一以貫之)함을 알아 : 공자께서 "증삼(曾參, 증자)아, 우리의 도는 일이관지(一以貫之, 한 가지 이치로 만 가지 일을 꿰뚫고 있음)로다. 하시니, 증자가 예, 그렇습니다."고 하였다. 다른 제자들은 잘 알지 못하여 증자에게 물으니, "선생님의 도는 바로 충(忠, 자기 마음을 다하는 것)과 서(恕, 자기 마음으로 미루어 보아 남에게 미침)일 뿐입니다."라고 대답하였다. 『논어(論語)』 「학이(學而)」에 "子曰 參乎 吾道 一以貫之 曾子曰 唯……夫子之道 忠恕而已矣."라고 하였다.

83) 자사(子思) : 이름은 급(伋)이며, 춘추 시대 유학자이고, 공자의 손자이다. 공자의 사상을 계승하여 맹자에게 전수하였다. 『중용(中庸)』을 지었다.

84) 맹자(孟子) : 중국 전국 시대의 유학자이다. 성은 맹(孟), 이름은 가(軻)이다. 노(魯)나라 추현(鄒縣) 출신이다. 자사의 제자이며, 왕도정치를 주장하였다. 성선설(性善說)을 말하였다.

85) 사숙제인(私淑諸人) : 직접 가르침을 받지 않았으나 마음속으로 본받아 배우거나 따르는 것으로 맹자가 "나는 공자의 직접 문도(門徒)는 되지 못하였으나, 그의 제자들을 통하여 공자를 본받아 배웠다.[予 未得爲孔子徒也 予私淑諸人也]"고 하였다.

86) 분서갱유(焚書坑儒) : 중국 진(秦)나라에서 BC 212년에 서책(書册)을 불태우고 유생(儒生)을 생매장한 일을 말한다. 시황제가 천하를 통일한 뒤에 사상 및 사상가에 대하여 통제·탄압을 할 때 일어난 사건이다.

87) 주돈이(周敦頤, 1017~1073) : 자는 무숙(茂叔), 호는 염계(濂溪)이다. 지방관을 역임한 뒤 만년에 여산 (廬山) 기슭에 염계서당(濂溪書堂)을 짓고 은퇴하였다. 『태극도설(太極圖說)』과 「애련설(愛蓮說)」을 지었다. 정호(程顥)·정이(程頤) 형제를 제자로 두어 송대(宋代) 성리학의 개조(開祖)로 존숭되었다.

88) 정이(程頤, 1033~1107) : 자는 정숙(正叔), 호는 이천(伊川)이며, 시호는 정공(正公)이다. 이천선생이라고 존칭되었다. 형인 정호와 주돈이에게서 배우고, 성리학을 창시하였다. 『주역』에 대한 연구가 특히 깊었다.

89) 정호(程顥, 1032~1085) : 자는 백순(伯淳), 호는 명도(明道), 시호는 순(純)이다. 명도선생이라고 존칭되었다. 동생 정이와 함께 주돈이에게 배우고, 성리학을 창시하였다. 이정자(二程子)로 알려져 있다.

서로 이어 일어났다. 이에 우리나라에도 전파되어 포은圃隱[90], 회재晦齋가 이를 이었다. 도학道學은 없어질 수 없는 것이니, 다시 누구에게 기탁할 것인가. 또한 높고 먼 곳에 있는 것이 아니니, 실행하기 어렵다고 말하지 말라. 성인聖人이 되기를 바라고 현인賢人이 되기를 바라는 것도 마음의 정성에 달려 있을 따름이다.

---

90) 포은(圃隱) : 정몽주(鄭夢周, 1337~1392)를 말한다. 자는 달가(達可), 호는 포은, 시호는 문충(文忠)이며, 본관 연일(延日)이다. 고려 말기의 성리학자인데, 조선 태조(이성계)를 추대하려는 음모를 알고 제거하려다가 도리어 이방원에 의해 피살되었다. 뒤에 영의정에 추증되고, 문묘(文廟)에 배향되었다.

기문記文

구고서숙기九皐書塾記

현縣의 치소治所로부터 이십오리 떨어진 곳에 금학錦鶴이라는 산이 있는데, 옛 조문국[召文國][91]의 도읍都邑이 그 아래에 있었다. 도읍의 뒤쪽 기슭을 넘어서 동쪽으로 깊이 들어가면 산 아래에 한 구릉이 있어 이름을 학명동鶴鳴洞이라 한다. 어느 시대부터 불러왔는지 알 수 없으나 이곳에서 학鶴이 울었다고 하는 사람도 있다.

사방 빙 둘러 녹음이 울창하여 바깥을 지나는 사람은 그 속에 조그만 평지가 있어 집을 지을만하다는 것을 알지 못한다. 샘물이 또 양 기슭에서 솟아 그 앞에 이르러 물줄기를 합하고, 흘러 동구 밖으로 나가 상천上川과 합류하여 흐른다. 상천은 또 이 산의 동쪽 위 초록初麓으로부터 도읍의 서쪽에 이르며, 도읍 앞에 있는 감천鑑川에 합쳐져 물줄기가 커진다.

아! 우리 집안은 이 산의 남쪽 비봉산飛鳳山 아래 가음리佳音里에서 여러 대에 걸쳐 살아왔다. 나는 여기에서 태어났으나 어리석은지라 도학道學에 전심專心하였으나, 옛 성현들이 경륜經綸한 학문을 들여다 볼 수 없었다. 마침내는 선대 조상 훈업勳業의 실마리를 잃어버린 채 스스로 밭 갈아 밥을 먹고, 샘 파서 물 마시는 즐거움을 달갑게 여기고 지냈다. 그 그윽하고

---

91) 조문국(召文國) : 삼국 시대 초기에 있던 부족국가의 하나로, 후에 신라에 병합되어 문소군(聞韶郡)이 되었다가 고려 시대에 오늘의 의성군(義城郡)이 되었다. 『삼국사기』 「신라본기」에 "2월에 파진찬(波珍飡) 구도(仇道)와 일길찬(一吉飡) 구수혜(仇須兮)를 좌우 군주로 임명하여 조문국을 정벌하였다.[二月 拜波珍飡仇道 一吉飡仇須兮 爲左右軍主 伐召文國]"는 기록이 있다.

조용하여 속되지 않음을 취하여, 이곳에 와 터를 잡은 지 이미 수십 년이 되었다.

이 해 봄, 사는 곳 곁의 백보百步가 채 되지 않는 곳에 자손들의 글공부하는 장소로 쓰려고 집 한 채를 지으려 하였는데, 곧 냇물이 합쳐지는 곳으로 옛 이름이 구고九皐였다. 일곱 달 동안 공을 들여서 집이 완성되었음을 고告하게 되었다. 집은 모두 여덟 칸[架]으로 동서에 온돌방을 두고 가운데에 시원한 마루 네 칸을 열어 두었다. 그리고 가을이 되어 구월九月에 비로소 낙성落成하였다. 편액扁額에 쓰기를 구고서숙九皐書塾이라 하였으니 사실 그 땅의 이름 때문이었고, 감히 고학문천皐鶴聞天[92]하는 뜻에 비겨 고른 것은 아니었다.

그러나 내 자손이 이 서숙에 거처하면서 성현이 남긴 학문을 부지런히 공부하여 학문의 경지가 원대해지고 밝고 넓은 영역에 이르게 되면 곤궁困窮하여도 자기 몸은 훌륭히 할 수 있고 통달通達하면 천하를 잘되게 할 수 있을 것이니 땅에 떨어진 선세先世의 실마리를 다시 떨쳐 번창하게 하리라. 이는 학의 울음소리나 듣자는 것이 아니다. 나는 이것으로 후손으로서 면려勉勵하는 자를 기다리고자 이렇게 기록하여 문미門楣[93] 끝에 새겨 두는 것이다.

---

92) 고학문천(皐鶴聞天) : 『시경(詩經)』「소아(小雅)·동궁지습(彤弓之什)·학명(鶴鳴)」에 "학이 구고에서 우는데, 그 소리가 하늘에 들리도다.[鶴鳴于九皐 聲聞于天]"라고 하였는데, 성실함은 가려질 수 없는 것을 말한 것이다.

93) 문미(門楣) : 창문 문짝 위에 가로로 댄 나무이다.

잡저雜著

구고서숙 입약절목[94]九皐書塾立約節目

하나. 본 서숙은 배우려는 사람을 위하여 설립하였다. 배우는 사람들은 마땅히 규약規約을 세우고 계契를 만들며, 두 종류의 안案[95]을 비치한다. 우리 마을에서 공부하러 온 사람은 상하를 통틀어 참여를 허락한다. 상上이 되는 자는 상안上案에 이름을 쓰고, 하下가 되는 사람은 하안下案에 이름을 쓴다. 이웃 마을이나 먼 지방에서 와서 함께하려는 사람도 그 상하에 따라 안의 등록에 참여한다.

하나. 본 마을의 사람 가운데서 부지런하고 유능한 자를 뽑아 서숙書塾의 임원으로 삼고, 서숙의 재산을 불리고 물건을 조달한다.

하나. 서숙 안에서 학과學課를 권장勸奬하며 잘못을 살펴 규탄하는 일은 자제 가운데 나이가 많고 성품이 돈후하며 두루 신망이 있는 자를 뽑아 주관하게 한다. 다만 절목節目에 따라 일을 수행하게 하며, 책자 두 권을 두고 잘하는 사람은 선적善籍에 이름을 쓰고 못하는 사람은 불선적不善籍에 이름을 쓰도록 한다. 매월 초하루에 숙장塾長이 한 달 동안의 과업에 대한 보고를 받고, 보고가 끝나면 상과 벌을 시행한다.

하나. 혹 배우기를 원하나 가난하여 할 수 없는 사람이 있다면 멀고 가까움, 친하고 친하지

94) 절목(節目) : 규칙이나 약속의 조목(條目)이다.
95) 안(案) : 등록부(登錄簿)이다.

않음, 신분의 낮음과 높음 등을 따지지 않고 모두 입학入學을 허락한다. 입히고 먹이는 일은 서숙의 재산에서 지급한다.

하나. 나중에 배우러 온 사람들은 마땅히 예의禮義를 지키고 문학文學을 숭상하는 것부터 먼저 해야 한다. 만약 마음이 흩어져 허황하고 게으르며 예의를 어기고 문학에 태만한 사람은 불선적에 이름을 쓰고, 행동이 고쳐지는 것을 기다려 지워준다. 이보다 더욱 심하여 부모를 따르지 않고, 형제간에 우애하지 않으며, 종족들과 친목하지 않고, 인척들과 친하지 못하며, 고아나 가난한 사람을 구휼하지 못하고, 참최斬衰 상복喪服을 입지 않으며, 상중喪中에 혼인하고, 정처正妻를 내쫓는 자는 서숙에서는 서숙 밖으로 쫓아내고, 마을에서는 마을 밖으로 쫓아다닌다. 또 이 일을 지주地主와 관청官廳에도 알린다.

하나. 효도와 공경은 모든 행실의 근본이니 마땅히 제일 먼저 장려한다. 효도를 독실하게 하고 공경을 잘하는 사람은 선적善籍에 이름을 쓴다. 집이 가난한데 지성으로 봉양하며, 거상居喪할 때 엄숙하며, 부모가 병중에 있을 때 손가락을 끊어 병구완을 하며, 부모의 대변大便을 맛보아 건강을 챙기며, 부모를 대신하여 죽기를 청하는 등 기특한 일을 한 사람은 별도로 뽑아 기록하였다가 매년 말에 서숙은 마을에 알리고, 마을은 방坊에 알리며, 지주와 관청에서도 알리도록 한다.

하나. 자제들 가운데 학업에 부지런하여 공부에만 전념하는 자는 밭에서 일할 겨를도 없을 것이다. 하지만 혹 자질이 둔하여 성취하기 어려운 사람은 밭에서 힘써 일하여 생계로 삼는 것이 옳다. 그런데 근래 세족世族들 집안에서는 교만과 나태가 습관이 되어 내기판에서 노는 것만 즐기고, 도리어 밭에서 일하는 것은 부끄럽게 여겨 조금도 마음에 두지 않아 세업世業을 뒤엎어 버리는 지경에 이르렀다. 이 어찌 증자曾子가 밭 갈고 도연명陶淵明[96] 이

---

96) 도연명(陶淵明, 365~427) : 이름은 잠(潛)이며, 자는 연명(淵明), 오류선생(五柳先生)이라고 자칭하였다. 중국 동진(東晋), 유송(劉宋)의 시인(詩人)이다. 생활 수단으로 참군(參軍)·현령(縣令) 등의 관직에 나간 적이 있으나, 전원생활을 그리워하여 퇴관(退官)하고 몸소 농경을 하면서 생을 마쳤다. 후에 정절선생(靖節先生)이라 불렀다. 대표작에 『귀거래사(歸去來辭)』·『오류선생전(五柳先生傳)』·『도화원기(桃花源記)』 등이 있다. 그의 시는 후세 시인들에게 많은 영향을 끼쳤다.

몸소 농사짓던 일의 속뜻이겠는가. 이와 같은 무리는 숙장이 따로 경계와 권면을 해주고, 심한 경우는 마을의 부로父老들이 태형笞刑으로 엄중히 징계하도록 한다.

하나. 서숙에 함께 지내면서 화목하지 못하는 사람, 주색을 삼가지 못하는 사람, 미천한 집안의 자식으로 사대부 집안을 업신여기고 소홀히 하는 사람, 젊은 자로서 어른을 능멸하는 사람은 그 경중에 따라서 처벌한다. 꾸짖어야 할 사람은 꾸짖고, 볼기를 쳐야 할 사람은 볼기를 쳐 반드시 고치도록 한다.

하나. 붕우를 사귈 때에도 도道가 있으니 선한 일을 하도록 서로 권하고, 인仁을 행하도록 도와주고, 잘못은 서로 규제하고, 도의로 서로 지탱하여 주면 덕德은 날마다 이루어지고 정情은 날마다 친해진다. 가정과 나라가 그것에 힘입어 가지런히 잘 다스려지고, 하늘과 땅이 그것에 힘입어 조화롭게 된다. 그 나뉨은 소원疎遠한 것 같으나 사실은 친밀하며, 그 공功이 약소한 것 같으나 사실은 넓다. 교제할 대상을 택할 때 잘 살피지 않으면 안 되니 혹 우유부단優柔不斷하거나 아첨으로 서로 친하게 지내며, 세력과 이익으로 서로 업신여기는 사람은 함께 공부할 수 없으므로 서숙 전체가 숙안塾案에서 마땅히 끊어 없애야 한다.

하나. 이웃 사이는 서로 구제救濟하는 것이 본래 도리道理이다. 길흉吉凶의 대사가 있으면 혹은 재물로 서로 돕고 혹은 노력으로 서로 돕는다. 만약 수재水災나 화재火災, 도적의 재난이 있으면 역시 모름지기 힘을 다하여 구제한다. 혹 멸시하듯 보면서 구제하지 않는 사람이 있는데, 숙장塾長이 경고하고 꾸짖어도 따르지 않고 마을의 부로父老가 엄중하게 성토聲討해도 복종하지 않으면 또한 숙안塾案에서 영원히 단절斷絶한다.

자훈字訓[97]

천리天理가 널리 운행하여 만물萬物에 부여된 것을 명命이라 한다.

---

97) 자훈(字訓) : 글자와 그 뜻을 풀이한 글을 말한다. 중국과 우리나라의 많은 학자들이 글자의 뜻이 난해(難解)하여 그 내용이 잘못 전해질까 염려하여 지은 경우가 많이 있었다.

사람이 받은 것 가운데 지극히 선하지 않음이 없는 것을 성性이라 한다.
내 몸을 주관하며 성정性情을 통솔하는 것을 심心이라 한다.
사물에 감응하여 일어나 성性의 욕망이 되는 것을 정情이라 한다.
성性의 바탕인 강유剛柔와 강약强弱, 그리고 선악善惡을 재才라고 한다.
마음이 정해 놓고 바꾸지 않을 것은 모두 여기에서 말미암는데, 이것을 지志라 한다.
사람에게 있으면 사랑의 이理가 되고 그것이 발하여 측은惻隱의 정情이 되는 것을 인仁이라 한다.
행동은 올바름에 합치하여 굳게 제어함을 의義라 한다.
불의 신묘함이 사람에게 있으면 공손의 이理가 되고 그것이 발하여 사손辭遜의 정情이 되는 것을 예禮라 한다.
물의 신묘함이 사람에게 있으면 분별의 이理가 되고 그것이 발하여 시비是非의 정情이 되는 것을 지智라 한다.
인륜人倫과 사물의 당연한 이理를 도道라 한다.
이 도를 행하여 마음으로 얻은 것이 있음을 덕德이라 한다.
진실眞實하여 망령되지 않는 것을 성誠이라 한다.
사물의 이치를 어김없이 따르는 것을 신信이라 한다.
자기 마음을 온전히 드러내는 것을 충忠이라 한다.
치우침이 없는 것을 중中이라 한다.
마음을 한 곳에 전념하여 이리저리 옮겨 다니지 않는 것을 경敬이라 한다.
천명天命이 유행하는 자연스런 이理가 사람에게 품수되어 오성五性[98]이 갖추게 되는 것을 천리天理라고 한다.
사람의 본성은 사물에 감응하면 욕망이 없을 수 없는데, 눈·귀·코·입의 욕망이 일어나는 것을 인욕人欲이라 한다.
작위함이 없이도 하게 되는 천리天理의 마땅함을 의誼라 한다.
작위함이 있으면서 하게 되는 인욕人欲의 사사로움을 이利라 한다.
순수하여 망령되지 않는 천리天理의 이름을 선善이라 한다.
나와 사물을 함께 비추고 넓디넓어 사사로움이 없는 것을 공公이라 한다.

98) 오성(五性) : 사람이 지켜야 할 유교의 다섯 가지 덕목(德目)으로 인(仁)·의(義)·예(禮)·지(智)·신(信)을 가리킨다.

흉포하고 무도無道하여 선善하지 않은 것의 이름을 악惡이라 한다.
나의 사사로움에 가려져 크게 공평하지 못한 것을 사私라 한다.

이상의 25조목은 간책簡策에 널리 있는 것이다. 사람은 누구나 읽지 않고서 잘 이해할 수 있는 경우가 드물며, 배우는 도리도 아니다. 이에 첩자帖子(두루마리)를 만들어 뽑아 쓰고, 서숙의 벽에 게시하여 배우는 사람이 언제나 보고 성찰하도록 한다.

꿈을 기록하다[記夢]

임신년壬申年 2월 11일 밤, 사랑방 좌석에는 손님도 없고 곁에는 아이들 하나 있지 않았다. 혼자 베개를 당겨 평온히 잠들었는데, 수염과 눈썹은 하얗고 옷차림은 매우 훌륭한 한 노인이 나에게 예를 갖추어 읍揖을 하면서 말하였다. "내가 종자種子로 쓸 만한 벼와 콩을 가지고 팔도八道를 두루 다니며 살펴보았는데, 그것에 알맞은 토지도 찾을 수 없었고 전해 줄 만한 사람도 없었소. 우리 집 대문 남쪽의 박토薄土에서 종자를 심느라 고생하였으나, 일 년의 수확이 벼는 겨우 몇 섬[斛]도 되지 않고, 콩도 두 세 말[斗]에 불과하였소. 이렇게 나만 쭈욱 고생한 것이 아니라, 나의 선조 역시 대대로 그러하였소. 지금 내가 여기에 와서 토질을 살펴보니, 이 품종에 알맞은 것 같고, 그대도 잘 실천할 수 있을 것 같아, 내 이것을 그대에게 맡기려 하오." 그러고는 곧 벼 몇 되[升]와 콩 몇 십 알[箇]을 주면서, "그대는 부지런히 힘쓰오."라 말하고는 노인이 갑자기 사라졌다. 잠에서 깨니 하나의 꿈이었는데, 마음에 매우 의아하였다.

그 다음 날은 내 생일이었다. 한낮이 되기 전에 한 과객過客이 왔는데, 의관衣冠이 누추하여 때가 묻었으며 너덜하고 헤졌다. 사는 곳을 물으니 "구월산九月山 속의 정금동正金洞입니다."고 하고, 성명을 물으니 "성은 김金씨인데 이름은 없습니다."고 하였다. 이날 밤, 누워 자려다가 다시 일어나 전대纏帶를 열고 봉지 하나를 찾아 꺼내어 나에게 주었다. 그때 하는 말이 꿈에 본 노인의 말과 꼭 같았으며, 봉지를 열어보니 역시 노인의 말과 같았다.

그의 모습과 말과 행동을 꼼꼼히 살펴봐도 행색을 짐작할 수 없었다. 다시 이름을 알려고 하였으나, 끝내 대답하지 않았다. 또 깨끗한 의관으로 갈아입히려 해도 싫어하였다. 억지로 입히려 하니, "어떤 사람인들 아름다운 옷을 좋아하지 않겠습니까? 그러나 자신에게 어울리지 않는 옷을 입으면 재앙이 됩니다. 내가 어떻게 안심할 수 있겠습니까?" 그리고 끝내 허락하지 않고, 추한 의관을 그냥 입게 해 달라고 하였다. 다음날, 만류하였으나 듣지 않고 돌아가면서 "몇 년 후, 다시 지나가는 길이 있을 것입니다."라고 하였다. 나는 그 말에 따라 이 씨앗을 문 앞에 있는 토지에서 시험해 보려고 하며, 그가 한 말을 모아서 이렇게 기록해 둔다.

예략禮略

관례冠禮[99]는 처음 성인成人이 되는 의식이다. 시가始加할 때는 순이성덕順爾成德[100]을 기원하고, 재가再加 때는 숙신이덕淑愼爾德[101]을 기원하며, 삼가三加 때는 이성궐덕以成厥德[102]을 기원한다. 초례醮禮[103]를 행하여 하늘의 아름다움을 잘 받들기 기원한다. 아버지가

---

99) 관례(冠禮) : 남자가 성인이 되는 예식인데, 머리에 관(冠)을 씌우는 의식이다. 15~20세에 주로 행하였으며 조혼(早婚)이나 상중(喪中)에는 앞당기거나 늦추기도 한다. 음력 정월 중에 길일(吉日)을 택하여, 예정일 3일 전에 사당에 고하고, 덕망과 예법에 밝은 분을 빈(賓)으로 청한다. 관례 당일에 주인(主人)·관자(冠者)·빈(賓) 및 그 밖의 손님이 모여 세 가지 관(冠)을 차례로 씌우는 시가(始加)·재가(再加)·삼가(三加)의 순서를 끝내고, 초례(醮禮)를 행한 뒤 빈이 관자에게 자(字)를 지어 준다.

100) 순이성덕(順爾成德) : 시가(始加) 때 하는 축사(祝辭)이다. 치포관(緇布冠)을 씌우고 축원하기를 "좋은 달, 길한 날에 처음으로 너에게 원복(관)을 입히니, 너의 어린 마음을 버리고, 너의 덕(德) 이루기를 순하게 하면 수명(壽命)에 길하며 큰 복이 되리라.[祝曰 令月吉日 始加元服 棄爾幼志 順爾成德 壽考維祺 介爾景福]"라 하였다.

101) 숙신이덕(淑愼爾德) : 재가(再加) 때 하는 축사이다. 피변(皮弁)을 씌우고 축원하기를 "좋은 날, 좋은 때에 너에게 옷을 거듭 입히니, 너의 위의(威儀)를 공경하여 너의 덕을 잘 삼가면 미수(眉壽)를 만년토록 누려서 길이 큰 복을 받으리라.[祝曰 吉日令辰 乃申爾服 敬爾威儀 淑愼爾德 眉壽萬年 永受胡福]"라 하였다.

102) 이성궐덕(以成厥德) : 삼가(三加) 때 하는 축사이다. 작변(爵弁)을 씌우고 축원하기를 "해가 좋고, 달이 좋을 때 너에게 옷을 모두 입히니, 형제가 모두 있어 그 덕을 이루면 황구(黃耇, 나이 많은 노인)가 무궁하여 하늘의 경사를 받으리라.[祝曰 以歲之正 以月之令 咸加爾服 兄弟具在 以成厥德 黃耇無疆 受天之慶]"라 하였다.

명命하고, 빈賓이 자字[104]를 지어 주는 것은 성인成人으로서 하는 일을 삼가도록 하려는 까닭이다.

혼인婚姻은 두 가문의 우호友好를 합하여 종묘宗廟를 섬기며 후세를 잇는 것이니, 공경하지 않으면 되겠는가! 삼가지 않으면 되겠는가! 혼인에는 여섯 가지 예법禮法[105]이 있으니, 첫째는 납채納采이고, 둘째는 문명問名이며, 셋째는 납길納吉이며, 넷째는 납징納徵이며, 다섯째는 청기請期이며, 여섯째는 친영親迎이다. 이는 고례古禮로서 송宋나라 때는 다만 납채와 친영만 남아 있었으니, 아마 간략하게 줄였기 때문일 것이다.

납폐納幣하여 혼인을 이루고, 전안奠雁[106]하고 나서 친영親迎하는 것이 혼례의 순서이다. 지금 풍속은 전안하는 대청에서 곧 바로 맞절을 하고, 한 상에 음식을 함께 먹으며, 친영의 예禮는 폐지해 버렸으니 심히 옳지 못하다. 어떻게 하여야 풍속을 바꾸고 본래의 예법으로 회복하여 제대로 순서에 따르도록 할 수 있을까?

아들이나 딸을 둔 부모는 일년상一年喪 이상의 상喪이 없어야, 자녀의 관례冠禮나 계례笄禮[107]

---

103) 초례(醮禮) : 삼가(三加)가 끝나고, 일종의 축하 잔치를 하는 것을 말한다. 이때의 축사는 "좋은 술은 맑고 안주는 향기로우니, 절하고 받아 고수레하여 너의 복을 정하고 하늘의 훌륭함을 받들어 오래오래 살면서 잊지 말도록 하라.[旨酒旣淸 嘉薦令芳 拜受祭之 以定爾祥 承天之休 壽考不忘]"이다.

104) 자(字) : 남자가 성인이 되었을 때 가지는 이름이다. 윗사람이 본인의 성격이나 덕을 고려하여 지어준다. 윗사람에게는 자신의 본명을 말하지만, 동년배 이하에는 자를 사용한다.

105) 혼인할 때 행하는 여섯 가지 예법(昏有六禮) : ① 납채(納采)는 남자 집에서 여자 집으로 예를 갖추어 혼인하기를 청하고 여자 집에서 받아들이는 것을 말하는데, 오늘날의 청혼(請婚)이다. ② 문명(問名)은 납채와 동시에 이루어지는 것으로 신부 어머니의 성씨(姓氏)를 묻는 것이다. 옛날 신부는 이름이 없었으며, 신부 이름보다는 그 어머니의 집안을 아는 것이 중요하였다. ③ 납길(納吉)은 가묘(家廟)에서 점을 쳐서 길조(吉兆)를 얻어 신부 집에 알리는 것으로, 이 의식으로 혼인이 확정되었다. ④ 납징(納徵)(납폐(納幣)라고도 한다.)은 정혼(定婚)을 나타내기 위하여 신랑 집에서 신부 집으로 서신과 폐물을 보내는 것을 말한다. ⑤ 청기(請期)는 혼인이 확정된 뒤에 친영할 날짜를 알리고 그 가부(可否)를 묻는 것을 말한다. ⑥ 친영(親迎)은 신랑 집으로 신부를 맞이하여 현구고례(見舅姑禮)(시부모에게 폐백을 올리고 친척들과 인사를 나누는 것)를 행함을 말한다.

106) 전안(奠雁) : 혼례(婚禮) 때 신랑이 신부 집에 기러기를 가지고 가서 상위에 올려놓고 절하는 예이다. 납폐할 때 함께 한다.

를 주관할 수 있으며, 또 자녀의 혼인하는 일을 주관할 수 있다.

상중喪中에 시집가고 장가드는 것에 대하여는 나라에 정해 놓은 처벌법이 있으니, 그 죄를 엄단하여 조금이라도 용서하거나 풀어주면 안 된다.

상喪은 죽는 것이다. 사람이 처음 죽으면 코에 솜을 대어서 호흡을 하는지를 기다려 살핀다. 숨이 끊어지면 '복復 복復'하고 외친 뒤에 곧 전奠[108]을 차리는 것이 고례古禮이다. 송宋나라 시절에 비로소 목욕시키고 머리를 빗은 뒤에 전을 차렸다. 목욕이 지나치게 늦을까 염려해서이다.

죽은 날 습襲[109]을 하고, 습한 다음날 소렴小斂[110]을 하고, 소렴 다음 날 대렴大斂[111]을 하고, 대렴한 다음 날 성복成服[112]한다. 이를 일러 '사일지제四日之制'라고 한다. 상구喪具(장례 때 쓸 여러 가지 도구)가 미리 준비되지 않아서, 습·소렴·대렴·성복을 비록 기일이 지났다고 하루에 함께 해 버리는 것은 옳지 않다. 오늘 한 가지 일을 행하고, 내일 또 한 가지 일을 행하며, 또 그 다음날 한 가지 일을 행하는 것이 예의 본뜻이다. 전奠도 일이 진행되는 대로 차리는데, 성복 후에는 아침저녁으로 반드시 차려 올리고, 일출日出과 일몰日沒에 맞추어 한다. 장례葬禮 후에는 철거한다.

아침저녁으로 곡哭과 전奠과 궤饋[113]를 하는데 이는 세 종류의 일이어서, 한 가지 일로 알아서는 안 된다. 아침에는 곡한 뒤에 전을 올리고, 전을 올린 뒤에 궤를 올린다. 저녁에는

---

107) 계례(笄禮) : 여자의 성인식(成人式)으로 쪽을 찌고 비녀를 꽂는 예식이다. 어머니가 주인이 되고 빈(賓)도 덕이 높은 여자가 된다. 시가(始加)만 하며 초례는 관례 때와 같다.

108) 전(奠) : 장례절차에서 죽은 사람을 살아 있을 때처럼 모신다는 뜻으로 음식을 차려 올리는 것을 말한다. 시신(屍身)을 가리는 병풍 앞이나 시신의 동쪽에 차린다.

109) 습(襲) : 사망한 첫날 시신을 목욕시키고, 평소의 깨끗한 의복으로 갈아입히는 절차를 말한다.

110) 소렴(小殮) : 사망한 이튿날에 준비한 수의로 갈아입히는 절차를 말한다.

111) 대렴(大斂) : 사망한 지 사흘째 되는 날에 소렴한 시신을 묶어서 입관(入棺)하는 절차를 말한다.

112) 성복(成服) : 사망한 지 나흘째 되는 날 상제(喪制)들이 복제(服制)에 맞추어 상복(喪服)을 입는 절차를 말한다. 상복은 참최(斬衰)·자최(齊衰)·대공(大功)·소공(小功)·시마(緦麻)의 오복(五服)이 있다.

113) 궤(饋) : 제사 때 익은 음식을 올리는 것을 말한다.

전을 올린 뒤에 궤를 올리고, 궤를 올린 뒤에 어두울 때까지 곡을 한다.

상중喪中에는 속백束帛(비단으로 만든 혼백)으로 신神이 의지하게 하고, 장례한 뒤에는 나무 신주神主로 신이 의지하게 한다.

옛날에는 널[棺]을 쓰고서 또 덧널[槨]을 썼다. 지금은 덧널을 쓰지 않는 사람이 많다. 아마 간소함을 따른 것 같다. 그래도 덧널을 쓰는 것이 예의 본뜻을 매우 잘 갖추는 것이다.

장례는 옛날에 대부大夫는 삼개월三個月에 장례하고 사士는 달을 넘겨 장례하였다. 지금은 모두 삼 개월 제도를 따르고 있다. 그러나 세상 풍속에 술기術家의 말을 믿어 시기를 넘기고도 장례하지 않는 자가 혹시라도 있으니, 매우 탄식할 일이다. 주자朱子께서는 "산과 물이 손을 모아 읍揖하고 있으며 초목이 무성한 땅은 장례할 만하다."고 하셨으니, 이와 같이 할 뿐이다.

하관下棺한 뒤에 현훈玄纁[114]을 드리고, 드린 뒤에 흙을 덮는다. 흙이 겨우 덮일 만하면 곧 신주를 쓰는데, 형체는 무덤으로 돌아가지만 영혼은 머물 곳이 없어 쉽게 바람에 날려 흩어질까 염려해서이다.

장례하고 곧 우제虞祭[115]를 지내는데, 영혼을 편안케 하려는 것이다. 우제는 반드시 세 번 지낸다. 대개 예법은 세 번해야 완성되는 것이다.

졸곡卒哭은 시도 때도 없이 하는 곡哭을 끝내는 것이다. 가난한 자는 부득이 빨리 장례하게 되는데 그러면 빨리 우제를 지내게 되나, 오직 졸곡은 반드시 석 달을 기다려야 한다. 『상복소기喪服小記』에서 "장례를 빨리 하는 사람은 우제도 빨리 지내지만, 삼 개월이 지나야 졸곡을 한다."고 하였다.

졸곡하고 나면 질대絰帶[116]는 갈관葛冠으로 바꾸고, 옷은 기최복朞衰服으로 입는 것이

---

114) 현훈(玄纁) : 흑적색(黑赤色) 비단이다.

115) 우제(虞祭) : 장례를 마친 뒤 혼백을 위로하기 위하여 지내는 제사이다. 초우(初虞)는 장례한 그날에 지내고, 재우(再虞)는 초우를 지낸 뒤 유일(柔日: 을(乙)·정(丁)·기(己)·신(辛)·계(癸))에 지낸다. 삼우(三虞)는 재우를 지낸 뒤 강일(剛日: 갑(甲)·병(丙)·무(戊)·경(庚)·임(壬))에 지낸다.

116) 질대(絰帶) : 상복을 입을 때, 머리와 허리에 두르는 삼으로 만든 띠를 말한다.

주례周禮이다. 송례宋禮는 그렇지 않았고 지금 풍속도 그렇지 않은데, 대개 간략하게 한 것이다.

부제祔祭117)는 자손으로서 할아버지 사당祠堂에 합사合祀하는 것이다. 주례周禮는 졸곡한 뒤 부제를 하고, 은殷나라 사람은 연복練服118)을 입을 때(소상이 끝나면) 부제를 한다. 공자孔子께서는 비록 은나라의 예법을 좋게 여기셨으나, 그러나 이 말씀 외에 은례殷禮는 증거가 없으니, 지금은 주례를 따른다.

소상小祥은 별세別世 후 일주년에 올리는 제사이며, 연복練服으로 갈아입는다. 머리에는 질대絰帶를 벗어 갈관葛冠으로 바꾸고, 옷은 대공大功 최복衰服으로 입는다. 부인은 허리에 질대絰帶를 벗고, 머리에는 갈관으로 바꾼다.

남편은 아내에 대한 경우와, 아버지가 생존해 있을 때의 그 어머니를 위해서, 11개월에 연복練服을 입고, 13개월에 대상을 지내고, 15개월에 담제禫祭를 지낸다. 어머니를 위해서는 담제 후에 심상心喪119)을 하며, 본생부모本生父母를 위해서는 기년복朞年服 뒤에 심상을 한다.

대상大祥은 별세 후 2주년에 지내는 제사인데, 소호素縞와 마의麻衣로 바꾼다. 소호라는 것은 곧 『예경』의 '상이호祥而縞(대상이 끝났더라도 슬픈 마음이 가시지 않아 흰 명주 관을 쓰는 것)'의 뜻이다. 관冠과 옷에 있어서, 우리나라의 지금 제도는 중국의 제도와 달리 관은 흰 갓을 쓰고, 망건은 흰 베를 쓰며, 허리띠도 흰 베를 쓰니 시대에 알맞지만 고례에 어긋나는 것이 아닌지 의심스럽다.

27개월은 상례의 최대한의 기한期限이다. 송나라 시절은 25개월에 섬복纖服120)을 입는다 하였는데 개원례開元禮의 잘못을 인습因襲한 것이 아닌지 의심스럽다. 예경禮經에 담제 이후

---

117) 부제(祔祭) : 삼년상(三年喪)을 마치고, 신주(神主)를 조상(祖上)의 신주 곁(사당)으로 모실 때 지내는 제사이다.

118) 연복(練服) : 소상(小祥)을 지내고부터 담제(禫祭) 전까지의 기간에 입는 상복이다.

119) 심상(心喪) : 상제가 상기(喪期)가 끝나서 상복은 벗었으나 슬픔이 끝나지 않아 마음으로 상중(喪中)에 있는 것처럼 근신하는 것과 제자(弟子)가 스승이 별세함에 상제가 아니면서도 상제와 같은 마음으로 상중과 같이 처신하는 것을 말한다.

120) 섬복(纖服) : 고운 비단 옷이다.

섬복을 입는다는 뜻에 맞지 않다.

가운데 한 달을 두고 담제를 지내니, 이 때문에 27개월이 라고 말하는 것이다. 초상에서부터 대상까지 윤달[閏月]을 계산하지 않고 25개월이고, 대상으로부터 담제까지는 달수[月數]로 계산하기 때문에 윤달도 계산한다.

달을 넘겨 길제吉祭[121]를 지낸다. 길제는 삼년상의 제사를 폐지한 나머지 시간에, 종묘의 신주를 개제改題[122]하고 체천遞遷[123]하여 협제祫祭[124]를 지내어, 길吉한 데로 나아가는 것이다.

시제時祭는 사계절의 가운데 달에 지내는데, 이것은 제사 중에 큰제사이다. 묘제墓祭는 한식寒食과 추석秋夕에 지내는데, 그 경우 예법은 집에서 하는 제사보다 줄여서 한다.

기일忌日에 제사 지내는 것은 고례古禮에는 없었다. 송나라 때의 여러 현인들이 의리로 보아 좋다고 한 것이다. 그 때문에 비록 제사는 올리지만 제사 이름은 없다.

『제의祭義』에서 "군자가 종신토록 슬퍼할 일이 있으니, 바로 기일忌日을 말하는 것이다. '기일을 쓰지 않는다[忌日不用]'라는 것은 상서롭지 않아서가 아니다.[非不祥也]" 라고 말하였다. 이 글의 주석에서 "'기일忌日'은 부모가 돌아가신 날이며, '쓰지 않는다[不用]'는 말은 이날을 위하여 다른 일을 하지 않음을 말하며, '상서롭지 않아서가 아니다.'는 부모의 죽음을 상서롭지 않게 여겨 피하는 것이 아닌 것을 말한다."고 하였다.

나의 고모부인 회재晦齋 이李 선생께서 "『문공가례文公家禮』[125]를 살펴보니, 기일에 단지

---

121) 길제(吉祭) : 길사(吉祀)라고도 하며, 담제를 지낸 다음 달에 지내는 제사이다. 정일(丁日)이나 해일(亥日)로 날을 잡는데, 이때 고인의 신주를 사당에 모시게 되며, 친진(親盡)이 된 제일 윗대 신주는 땅에 묻고(조매(祧埋)), 나머지 신주는 신주개제를 한다.

122) 신주개제(神主改題) : 길제를 지내어 새 신주가 사당에 들어가면, 그 이전에 모시던 신주는 새 봉사손(奉祀孫)의 관계로 보아 한 대(代)씩 올라가게 되므로, 새로운 관계에 맞추어 신주를 다시 쓰는 것을 말한다.

123) 체천(遞遷) : 봉사손의 대수(代數)가 다한 신주는 최장방(最長房, 4대 이내의 친족 중에서 항열(行列)이 가장 높은 연장자)의 집으로 옮겨 제사를 받들게 하는 것을 말한다. 최장방이 없으면 조매한다.

124) 협제(祫祭) : 조상의 여러 신위(神位)를 함께 모시고 지내는 제사이다.

125) 『문공가례(文公家禮)』: 『주자가례(朱子家禮)』 또는 『주문공가례(朱文公家禮)』라고도 한다. 주자

한 신위神位만 진설한다고 하셨고, 『정자제례程子祭禮』에서는 기일에 아버지와 어머니의 신위를 함께 진설한다고 하여, 두 대가의 예법이 같지 않다고 하셨다. 대개 단지 한 신위만 진설하는 것이 바른 예법이고, 아버지 어머니 위패를 함께 진설하는 것은 인정에 뿌리를 둔 예법이다."고 하셨다. 인정에 뿌리를 둔 예법도 그만 둘 수 없는 면이 있다.

제사하고 요반澆飯[126] 하는 것은 어느 때 생겨난 것인지 모르지만, 이것은 우리나라의 속습일 뿐이다. 대개 살아계실 때 매번 요반하지 않았으면서, 제사에서는 요반을 하는 것은 의의意義가 없는 것 같다.

옛날에는 서인들은 천신薦新[127] 만하고 제사는 하지 않았다. 사士가 지위를 잃어 녹祿이 없어지면 또한 천신만 하고 제사는 하지 않았다.

옛날에 삼년상 중에는 비록 전에 하던 제사를 폐지하였으나, 지금 사람들은 상중에 옛날의 예법을 하나하나 다 따를 수 없다고 하면서 유독 제사를 폐지하는 한 가지 일에 있어서는 예법이라 말하니 옳겠는가. 장례하기 전에는 예법에 맞추어 폐지하고 졸곡 뒤에는 절사節祀와 기제忌祭·묘제墓祭에 복服이 가벼운 자는 천신薦新을 행하고, 복이 가볍지 않는 자는 패랭이와 포망건布網巾·포심의布深衣[128] 를 입고 제사를 지내며, 이때는 반찬을 평시보다 줄인다. 단지 술잔도 한 번 올리며 축문祝文을 읽지는 않으나, 인정人情에 맞고 예법에 어긋나지 않는 것 같다.

【이 아래문장은 결락되었다.】

가 제정한 관(冠)·혼(婚)·상(喪)·제(祭) 즉 사례(四禮)에 관한 예제(禮制)로서, 명나라 때 구준(丘濬)이 『주자가례』를 기초로 하여 『문공가례의절(文公家禮儀節)』 8권을 만들었다. 우리나라에는 고려 말에 주자학과 함께 전래되었다.

126) 요반(澆飯) : 밥을 물에 마는 것을 말한다.

127) 천신(薦新) : 햇과일이나 햇곡식을 조상신에게 감사의 뜻으로 올리는 의식으로 종묘(宗廟)나 가묘(家廟)에서 행하였다. 일년에 한식(寒食), 단오(端午), 추석(秋夕), 동지(冬至)에 네 번 올리며, 가묘가 없으면 추석에 차례(茶禮)로 대신하였다. 『예기(禮記)』「단궁 상(檀弓上)」에서는 "천신은 초하루 날 전(奠)처럼 한다.[有薦新如朔奠]"고 하였다.

128) 심의(深衣) : 옛 학자들이 공직(公職)을 떠나서 입던 평상복(平常服)이다. 두루마기처럼 만들어 복건(幞巾)과 함께 입는데, 옷깃·소매끝·옷단 등에 검정색 선을 둘렀고, 대대(大帶)를 둘렀다.

재거만록齋居謾錄

천지의 이理는 무궁하여 기氣가 따르고, 천지의 기氣도 무궁하여 이理가 기를 탄다. 그러므로 이理와 기氣는 잠간이라도 서로 떨어질 수 없다.

사람은 천지의 중정中正[129] 함을 받아서 태어났으며, 마음이 성性과 정情을 통솔한다. 성性이란 사람의 이理이고, 정情이란 사람의 기氣이다.

마음은 천지의 광대함을 포용하지만 조그만 가슴 속에 간직되어 있어 한 몸의 주재主宰가 된다. 그러므로 천군天君이라고 한다.

군君이 된다고 말하는 것은 나라에는 두 임금이 없는 것처럼 마음도 하나일 따름이다. 다만 하나의 마음속에 인심人心과 도심道心이 있는데, 언제나 도심이 명령을 내려 인심이 따르도록 해야 한다. 그렇게 되면 이와 기가 서로를 따르고 온갖 것들은 자신의 직분을 받아들이지 않는 것이 없다.

도道는 높거나 멀리 있는 것이 아니라 마땅히 해야 할 것을 행하는 것이니, 행하는 것 역시 교화에 달려 있을 뿐이다.

『중용中庸』[130] 에 이르기를 "하늘이 명한 것을 성性이라 하고, 성을 따름을 도道라고 하고, 도를 닦는 것을 교敎라고 한다."라고 하였다.

가르치는 것은 어렵지 않다. 사람들에게 부자父子의 본분本分을 알게 하면 친하게 되고, 군신君臣의 본분을 알게 하면 의義롭게 되고, 부부夫婦의 본분을 알게 하면 분별分別이 있게 되고, 장유長幼의 본분을 알게 하면 차례가 있게 되고, 붕우朋友의 본분을 알게 하면 믿음이 있게 된다.

이 오륜五倫을 알고 난 후, 사람이 만물 가운데 가장 귀함을 알 수 있다.

---

129) 중정(中正) : 중(中)은 치우치거나, 기울거나, 지나침이나, 미치지 못함이 없는 것이며, 정(正)은 지극히 공평하여 사심이 없는 것이다.

130) 『중용(中庸)』: 공자의 손자 자사(子思)의 저작이다. 『예기(禮記)』의 한 편명(篇名)이었으나, 송대(宋代)에 정이천(程伊川)이 『중용해(中庸解)』를 지었고, 주자(朱子)는 『중용장구(中庸章句)』를 지어 『대학』·『논어』·『맹자』와 함께 사서(四書)로 칭하여 성리학의 주요 경전이 되었다.

가장 귀貴한 몸으로 가장 귀한 일을 행하지 않으면 사람이라고 할 수 있겠는가?

맹자孟子께서 "편안히 거처하게 하고 가르치지 않으면, 금수禽獸에 가깝다."고 하셨다.

사람에게는 군자君子와 소인小人의 구분이 있다. 쓸데없이 근심 걱정에 가득 차서 척척慽慽한 자는 소인이고, 도량이 넓어 탄탄坦坦한 자는 군자이다.

척척한 마음을 가진 자는 언제나 악한 일을 하되 오히려 남이 알까 두려워하고, 탄탄한 마음을 가진 자는 언제나 착한 일을 하되 남이 알아주지 않아도 근심하지 않는다.

착한 일을 하는 자는 하늘이 복福으로 갚고, 악한 일을 하는 자는 하늘이 화禍로 갚는다.

착한 일을 보면 드러낼 만하니 길 가는 사람에게 드러내고, 악한 일을 보면 숨길 만하니 아비 자식 사이에도 숨겨야 한다.

한漢나라 소열제昭烈帝[131]가 아들을 경계하는 글에서 "선善한 것이 작다고 하여 아니하지 말고, 악惡한 것이 작다고 하여 하지 말라."고 하였다.

【원주原註: 이 아래 문장은 결락되었다.】

131) 소열제(昭烈帝) : 중국 삼국 시대 촉한(蜀漢)을 세운 황제이다. 본명은 유비(劉備, 161~223)이고, 자는 현덕(玄德)이다.

학천선생유집
鶴川先生遺集

제2권

학천선생유집 제2권

부록附錄

유사遺事

부군府君의 휘諱는 승承이며, 자字는 찬지纘之요, 호號는 학천鶴川이다. 성은 박씨朴氏로 함양인咸陽人이다. 시조始祖는 신라왕新羅王의 셋째 아들인 속함대군速咸大君인데, 속함速咸은 지금 함양이다.

14대 조祖는 휘가 선善으로, 처음 고려高麗 조정에 벼슬하였다. 문과文科에 합격하여, 관직이 예부 상서禮部尙書에 이르고, 함양군에 봉해졌다. 추밀원사樞密院事에 증직贈職[1])되었다.

13대 조는 휘가 인정仁挺이며, 문과에 합격하여 예부 상서가 되었다. 추밀원사에 증직되었다.

12대 조는 휘가 신청信淸이며, 문과에 합격하였고, 예부 상서와 검교檢校 신호위神虎衛 장군將軍이 되었다. 추밀원사에 증직되었다.

11대 조는 휘가 윤정允禎이며, 문과에 합격하였고, 판호부 상서判戶部尙書와 부경府卿으로 치사致仕[2]) 하였다. 지문하성사知門下省事에 증직되었다.

---

1) 증직(贈職) : 나라에 공로가 높거나 고위 관리, 효행이 뛰어난 사람에게 그 사후에 조정에서 내리는 벼슬이다. 또는 생전의 벼슬보다 높은 벼슬을 말한다.
2) 치사(致仕) : 벼슬을 나라에 바친다는 뜻으로, 나이 많은 관리가 벼슬을 내 놓고 물러가는 것을 말한다.

10대 조는 휘가 신유臣粪이며, 문과에 합격하였고, 판호부 상서와 추밀원사를 역임하였다. 호남의 왜구를 토평한 공으로 응천군凝川君에 봉해졌다. 상주국上柱國 판삼사사判三司事로 증직되었다.

9대 조는 휘가 지량之亮이며, 문과에 합격하였고, 금자광록대부金紫光祿大夫 상주국 판삼사사에 이르렀으며, 왜적을 토벌한 공으로 금패인金牌印을 하사받았으며, 함양군에 봉해졌다. 그리고 지원至元[3] 연간年間에 공이 있어 천자가 금부金符를 하사하고 만부장萬夫將 벼슬을 내렸다.

8대 조는 휘가 종琮이며, 관직은 중랑장中郎將이었다. 안의安義[4]로부터 의성義城[5]으로 옮겨 살았다.

7대 조는 휘가 원두元斗이며, 관직은 전객랑典客郎이었다.

6대 조는 휘가 사직斯直이며, 관직은 판호부사判戶部事이었다.

5대 조는 휘가 윤후允厚이며, 관직은 중랑장이었다.

고조高祖의 휘는 성양成陽이며, 호는 금은琴隱으로 포은圃隱 정몽주鄭夢周의 문인門人이었다. 고려가 망하자 위포한사韋布寒士[6]로서 도를 즐기며 숨어 살았다. 우리 태조太祖께서 문무의 온전한 재능이 있다고 여겨서 특별히 불러서 원수元帥로 삼았다. 여러 번 전쟁에 나가 공을 세우고 동반東班과 서반西班의 청직淸職을 역임하여 명성이 안팎에 떨쳤다. 관직이 이조 참판吏曹參判에 이르렀다.

증조曾祖는 휘가 충무冲武이며, 관직은 강계 판관江界判官이었다. 동쪽으로 북쪽으로 정벌하여 모두 승전을 보고하였다. 원종훈原從勳[7]에 녹선錄選되었다.

---

3) 지원(至元) : 원(元)나라 세조(世祖) 쿠빌라이의 연호(年號, 1271~1294)이다.
4) 안의(安義) : 경상도 안의현인데, 지금의 경상남도 함양군 안의면이다.
5) 의성(義城) : 의성현인데, 지금 경상북도 의성군이다.
6) 위포한사(韋布寒士) : 위포(韋布)는 위고포피(韋袴布皮)로서 가죽으로 만든 바지와 베로 만든 옷이라는 뜻으로 가난한 사람을 호칭한다. 여기서는 가난한 선비라는 뜻이다.
7) 원종훈(原從勳) : 나라에 공(功)을 세우면 등급에 따라 공신 칭호를 주는데, 등외(等外)에 드는 공신을 원종공신(原從功臣)이라고 한다.

조부祖父는 휘가 유부有阜이며 문과에 합격하였고, 사직司直[8]을 역임하였다. 태산북두泰山北斗로 우러름을 받아 세상에서 일컫던 문소팔부聞韶八阜(이름에 '부阜'자가 들어간 8형제) 가운데 맏이였다.

아버지는 휘가 경신景信이며, 호는 빙암氷巖이다. 관직은 정릉 참봉貞陵參奉을 역임하였다. 종매부從妹夫인 회재晦齋 이언적李彦迪과 도의道義로써 사귀었다. 어머니는 영인令人 동래 정씨東萊鄭氏로, 감찰監察 기琦의 따님이다. 인숙仁淑하고 정정貞靜하여 옛날 강원姜嫄[9]의 덕성을 지녔다.

명明나라 정덕正德[10] 15년(1520, 중종 15) 경진년庚辰年 2월 12일에 문소聞韶[11]의 가음佳音 토현리土峴里 집에서 태어났다. 일찍이 어머니의 꿈에 한 훤출한 부인이 와서 말하기를 "나는 성이 강씨姜氏인데, 정鄭 부인이 음덕陰德을 많이 쌓았음을 듣고 찾아왔소."라고 하고는 약수가 든 병을 꺼내어 한 숟가락 따라 주면서 "이것을 마시오."라 하였다. 어머니가 굳이 사양하다 못하여 받아 마셨는데, 온 몸에 향기가 나더니 회임懷妊되었다. 태어나던 날, 아버지의 꿈에 한 건장한 대인大人이 하인들을 많이 거느리고 웅장한 위의威儀를 갖추고 와서 말하기를, "나는 세상에서 후직后稷이라고 불리는 사람으로 네가 지극한 덕이 있다는 것을 들은 지 오래 되었는데, 늦었지만 지금 방문한다."라고 하였다. 앉을 자리도 채 정해지기 전, 닭 울음소리에 깨어 일어나니 내실에서 해산解産하였다는 전갈이 왔다.

부군府君은 회재晦齋 이李 선생 부인에게 종질從姪이 되고, 또 앙재盎齋 상국相國 최숙생崔淑生 부인에게도 종질이 된다. 다음 해 신사년辛巳年(1521), 회재가 상경할 때 지나면서 집에 들러서 부군을 보니, 이마가 넓고 눈이 맑으며, 골격이 빼어나고 목소리가 매우 컸다. 회재는 기뻐하여 "이 아이가 반드시 박씨朴氏 가문을 창대昌大하게 하리라."라고 하였고, 5~6년

---

8) 사직(司直) : 조선 시대 오위도총부의 정5품 관직 이름이다. 본래 무관직이었으나, 공신의 적장자손(嫡長子孫)이나 대기중인 문관의 녹봉을 주기 위한 산직(散職)으로 활용되었다.
9) 강원(姜嫄) : 중국 고대에 유태씨(有邰氏)의 딸이며, 제곡(帝嚳) 고신씨(高辛氏)의 부인이고, 후직의 어머니다. 일찍이 한 거인의 발자국을 밟았는데 잉태되어 후직을 낳았다고 한다.
10) 정덕(正德) : 명(明)나라 무종(武宗, 1505~1521)의 연호(年號)이다.
11) 문소(聞韶) : 현재의 의성군(義城郡)이다.

뒤에 앙재가 왕림하셨을 때에는 "이 아이가 아직 어린데, 뜻이 거인巨人처럼 우뚝하네. 놀고 즐기는 데에도 나무 심기를 좋아하니 장래 반드시 후직后稷의 사업을 실행하리라."라고 말씀하시고 크게 기이奇異하게 여겼다.

7세(1526)에 학당學堂에 가서는, 제독提督[12]을 번거롭게 하지 않고서도 뜻을 풀이하는 것이 매우 정밀하였다. 여가가 있으면 함께 배우는 아이들을 이끌고 집 뒷산에 올라가 평평하고 넓으며 흙이 두꺼운 곳을 골라 집이라고 하며 줄을 그었다. 그리고 집 옆에 밭을 줄로 그어 모든 아이들 숫자에 맞게 아이 한 사람에 집 하나와 밭 하나를 분담시켜 완성하였다. 자기도 집과 밭을 하나씩 담당하고는 여러 아이들을 시켜 묘목을 채집하여 집으로 잡아 놓은 곳을 빙 둘러 심어 울타리로 삼았다. 또 모실茅實을 따 와서는 대신 곡식의 종자로 삼고 밭으로 잡아 놓은 곳에 땅을 갈아 씨 뿌렸다. 차례차례 각각의 아이들이 담당한 밭에도 나누어 주고 씨 뿌려 심도록 하였는데, 그 계획이 주도면밀하여 곧 법도를 이루었다. 이는 비록 나이 많은 농부도 할 수 없는 것이다. 집의 어른이 매우 사랑하였고, 향리에서 보는 사람이 모두 신동神童이라고 칭찬하였다.

13세(1532)에 이미 『효경孝經』[13]·『논어論語』[14]·『대학大學』·『중용中庸』에 통하였고, 또 맹자孟子가 말한 정철법井徹法의 뜻을 해득하였다. 또 『서전書傳』을 읽고 일 년이 삼백도수三百度數라는 것을 연구하여 명확히 분석하였으며, 윤달을 두어 한해를 이루는 이치에 감탄하니, 스승은 박승이 일찍 성취하는 것을 자주 칭찬하였다.

부군의 조카 장춘長春(우천愚泉)은 부군보다 세 살 어린데, 입학할 때부터 같은 스승과 같은 서숙에서 배워 흰 머리 노인이 될 때까지, 서로 토론하지 않은 말이 없었고 서로

---

12) 제독(提督) : 조선 선조 때, 교육을 장려·감독하려고 팔도에 한 사람씩 둔 벼슬이다.

13) 『효경(孝經)』: 유교 경전의 하나. 공자가 증자에게 전한 효도에 관한 말씀을 후에 제자들이 편저(編著)한 것으로 편찬한 연대(年代)는 미상(未詳)이다. 선조(宣祖) 때 『효경언해(孝經諺解)』가 발간되었다.

14) 『논어(論語)』: 공자의 가르침을 전하는 가장 확실한 옛 문헌(文獻)이다. 사서(四書)의 하나이며, 유교의 근본문헌(根本文獻)이다. 「학이(學而)」에서 「요왈(堯曰)」까지 모두 20편이며, 공자의 사상과 행적 등 인생의 교훈이 되는 내용이 간결하고도 함축적으로 기록되어 있다.

의론하지 않은 일이 없었다.

16세(1535)에 부인 영천 이씨永川李氏에게 장가드셨다. 부인은 호號가 우암牛巖이신 진사進士 휘 세헌世憲15)의 딸인데, 인숙仁淑하고 예의범절이 있었다. 이 해 가을에 종고모부從姑母夫인 회재 이 선생을 가서 뵈었다.

이로부터 매번 성현聖賢의 책을 읽을 때마다 몸을 다스리거나, 집을 다스리거나, 백성을 다스리거나, 농사를 해내는 요긴한 말을 반드시 모두 장부에 기록하여, 큰 나무 판에 걸어두고 살펴서 반성하거나 실천하는 자료로 삼았다. 일을 처리하는 마음가짐은 반드시 성의誠意와 공경恭敬으로 하였다.

병신년丙申年(1536, 중종 31)에 회재선생께 편지를 올려 『상서尙書』에서 의심나는 곳의 뜻에 대하여 여쭈었는데, 선생은 답서에서 농업정책에 연구가 깊은 것을 여러 번 칭찬하셨다.

어버이를 섬김에 반드시 마음과 몸을 편안케 하였으며, 형을 섬기는데도 어버이 섬김과 같이 하여 효도와 우애의 도리를 능히 다하였다. 어버이께 질병이 있어 점점 위독해지니 설사할 때 마다 대변이 단지 쓴지를 맛보았고, 집 뒤 깨끗한 장소에 단壇을 만들었다. 한 밤중마다 정화수井華水 한 동이를 길어 단 위에 올려놓고, 목욕재계沐浴齋戒한 뒤에 의관을 갖추고, 향을 사르며 하늘에 빌기를 100여 일을 하니 아버지의 병이 나았다. 사람들은 모두 효성이 하늘을 감동시켰다고 하였다.

무술년戊戌年(1538, 중종 33) 독서실에 '성재誠齋'라는 편액扁額을 써 붙였다. 그리고 명銘을 지어 스스로를 경계하였고, 또 '자경문自警文' 한 편을 지었다.

이 해, 경저京邸에 계신 회재선생께 편지를 올리고, 또 앙재 최상국께도 편지를 올렸다. 두 선생의 답서에는 모두 임금께 충성하고 백성을 사랑하는 뜻이 (부군이 보낸) 편지 사연 가운데 은연 중에 드러나 있다고 여기셨다. 또 이르시기를 "후직이 하였던 사업을 다시 볼 수 있으리라."고 하셨다.

---

15) 이세헌(李世憲) : 1475~1555. 자는 사전(士典), 호는 우암(牛巖), 본관은 영천(永川)이다. 통정대부 좌승지에 증직되었다. 학동(鶴洞) 이광준(李光俊)의 조부이다.

20세(1539, 중종 34), 아버지의 명命을 받아 분가分家하여 조문[召文]의 학미동鶴尾洞으로 옮겨갔다. 그 동네는 바로 종고조부從高祖父 함양군사咸陽郡事 휘 정精이 벌써 터를 잡아 놓으신 곳이다. 그 손자 참봉參奉인 휘 경장景章께서 늙었으나 자녀가 없었으므로 부군께서 친부모처럼 모셨다. 그 분이 돌아가시게 되자 염습殮襲과 하관下棺, 장례葬禮와 제사祭祀에 모두 정情과 예禮를 다 갖추어 유감이 없도록 하였다.

이후 부모상父母喪을 당했을 때는 장례 전에 빈청殯廳에서 내려오지 않았으며, 관을 부여잡고 가슴을 치며 울부짖고, 발을 구르며 애통해 하였고, 물과 장醬 또한 입에 대지 않았다. 졸곡卒哭이 지난 후 사가私家에 혹 왕래할 때에는 20리 길에 비록 눈비를 만나도 아침저녁의 상식上食과 새벽과 저녁의 호곡號哭에 하루라도 빠진 적이 없었으며, 슬퍼함이 정해진 제도制度를 넘었다. 묘소가 십리쯤 멀리 떨어져 있는데, 한 달에 육일六日을 한도로 찾아가서 곡哭을 하였는데, 눈이 내리고 비바람이 분다고 그만 둔 적이 없었다. 담제禫祭 이후 아직 길제吉祭를 올리기 전에는 어육魚肉을 먹지 않으니, 백형伯兄과 중형仲兄 그리고 숙형叔兄께서 더욱 안타까워하시며 중히 여기셨다.

일찍이 아버지의 명으로 과거科擧 공부를 하였으나 힘을 크게 들이지 않았으며, 더더욱 수기치인修己治人과 농업을 진흥하는 일에 매달렸다. 학문을 과업으로 하는 여가에 토지가 마땅한지 살피고, 고을 사람에게 농사법을 가르쳤다. 또 천문天文·지리地理·의경醫經·산술算術·궁마弓馬·행진行陣 같은 것도 두루 궁구하지 않은 바가 없어, 쌓은 지식이 넉넉하였다.

정미년丁未年(1547, 명종 2), 회재선생이 서울로 올라가실 때 문소聞韶를 경유하는 길을 잡으시고 지나시다가 집에 들어오셨다. 선생은 그 품은 의지意志의 범위가 작지 않음을 보시고, 더욱 권면勸勉하시기를 "시작처럼 끝마무리도 잘하라."고 하셨다.

계축년癸丑年(1553, 명종 8), 옥산玉山[16]으로 가서 종고모從姑母를 뵙고, 선생 아우의 영전靈前에 곡哭하였다. 이어 인편人便을 얻어 유배지流配地에 계신 회재선생께 편지를 올렸다.

을묘년乙卯年(1555, 명종 10), 금계錦溪 황준량黃俊良 공께서 찾아 오셨다. 그때 황공께서는 신녕현

---

16) 옥산(玉山) : 현 경주시 안강읍 옥산리이다. 회재선생이 은거하여 학문을 닦았던 곳이다.

新寧縣의 읍재邑宰(고을 수령)로 계셨다. 이로부터 매번 본댁으로 가는 길에 반드시 지나시다 들리셨다.

신유년辛酉年(1561, 명종 16), 집 곁의 개천 건너 구고九皐 위에 서숙書塾을 지어, 배우러 오는 사람들의 독서讀書 장소로 삼았다. 양송梁頌[17]은 회당悔堂 신원록申元祿 어른이 지으셨고, 기문記文은 스스로 지었다. 입약立約은 안정安定 호원胡瑗 공의 호학湖學처럼 하였다. 또 그 지방의 대소 인민을 모이게 하여 남전 여씨藍田呂氏[18] 향약鄕約을 좇아 규례規例를 의론하여 만들었는데, 옛 것과 지금의 것을 참작하여 책 한 권으로 엮어 『약서증산約書增刪』이라고 이름을 지었다. 몸소 먼저 실천하여 규약을 엄하게 하니, 이로써 풍속風俗이 교화敎化되었다. 전지田地 1백 마지기[斗落], 곡식穀食 1백 섬[斛], 돈 1백 꿰미[緡]를 내어 서숙의 재산으로 기부하였다. 유사有司 두 사람, 전곡典穀 두 사람을 두어 재산을 불리게 하고, 숙사塾師(글방 선생) 한 사람을 초빙하여 배우는 자를 가르치게 하였다. 매월 닷새가 지날 때 마다 부군께서 한번 출석하여, 학생들이 닷새 동안 공부하여 강독講讀하는 것을 들으시고, 상벌賞罰을 내리셨다.

이듬 해(1562) 봄, 서숙의 동쪽에 추녀를 달아 재사齋舍 세 칸[三間]을 세우고, 서숙의 서쪽에 추녀를 달아 창고 네 칸[四間]을 세웠다. 재기齋記는 상사上舍 김득연金得硏[19]공에게 부탁하여 지었다. 그리고 「입약절목立約節目」 10조條와 「자훈字訓」 25조를 손수 써서 서숙의 벽에 걸어 약인約人들과 학도學徒들이 언제나 보도록 하였다.

---

17) 양송(梁頌) : 상량문(上樑文)을 말한다.

18) 남전 여씨(藍田呂氏) : 북송(北宋) 남전에 거주하는 여대방(呂大防)·여대충(呂大忠)·여대균(呂大鈞)·여대림(呂大臨) 4형제를 말한다. 이들은 모두 장횡거(張橫渠)의 제자였다. 여대균이 향리인 남전에서 자치규약을 시행하였는데, 그 내용은 "덕업은 서로 권하며, 과실은 서로 규제하며, 예속은 서로 주고 받으며, 환난은 서로 구제한다.[德業相勸 過失相規 禮俗相交 患難相恤]"는 것으로서 주자가 『소학(小學)』에 실어서 후세 향약(鄕約)의 모범이 되었다.

19) 김득연(金得硏, 1555~1637) : 자는 여정(汝精), 호는 갈봉(葛峰), 본관은 광산(光山)이다. 서애(西厓) 류성룡(柳成龍)·백담(柏潭) 구봉령(具鳳齡)·한강(寒岡) 정구(鄭逑)의 문인이다. 임진왜란 때 의병을 창의하여 군량보급을 주관하였다. 광해군 5년에 생원시(生員試)에 급제하였다. 저서에 『갈봉집(葛峰集)』·『청량산유록(淸凉山遊錄)』이 있으며, 한글 가사로 「지수정가(止水亭歌)」 71수(首)의 시조가 있다.

혹시 외롭고 곤궁하여 의탁할 데 없는 자가 그 곳에서 배우기를 원하면, 반드시 서숙의 재물로 입히고 먹여 부지런히 공부하게 하였다. 이렇게 되자 서숙에서 다 수용할 수 없을 정도까지 되었으며, 또 재주와 덕망이 있는 선비가 서숙에서 많이 배출되었다.

계해년癸亥年(1563, 명종 18) 봄에 금계 황준량을 도리원桃李院 노차路次[20]에 가서 문병問病하였다. 황준량께서는 성주星州 임소任所에서 병이 나서 사직辭職하고 집으로 돌아가는 때였다. 황공은 미처 집에 이르지도 못하고 돌아가시니, 몹시도 애석해 하셨다.

일찍이 부국富國과 안민安民의 방책을 다방면으로 연구한 것을 가지고 이때에 이르러 한 권의 책으로 엮어내어 『농가요람農家要覽』이라고 이름하였다. 또 「근잠勤箴」을 지어 서숙의 벽에 걸어두고 학생들과 입약에 참여한 사람들이 조석朝夕으로 보고 경계하고 삼가도록 하였다.

기거하고 있는 방에 편액을 써 붙여 「면와勉窩」라 하고, 명銘을 지어 스스로를 권면勸勉하였다. 또 고서古書 가운데 효孝·우友·목睦·인婣·임任·휼恤, 즉 육행六行[21]에 긴요한 말을 모으고, 그 사이사이에 자기 말을 부기附記하여 한 권으로 엮어 『육행신편六行新編』이라 명명하였다.

배우는 자가 벼슬에 관하여 묻자, 부군께서 "맹자孟子께서 말하시기를 '선비가 벼슬하는 것은 농부가 밭가는 것과 같다.'고 하셨다."고 하시고, 마침내 벼슬하여 정사를 행하는 중요한 방책을 모아서 『정책찬요政策纂要』라는 한 권의 책으로 엮었다.

약인約人들에게 농사에 힘쓰라고 할 때 마다 "농사는 천하의 대명大命이다. 『서경書經』[22]에 '음식은 백성이 하늘로 삼는 것이다.'라 하였고, 『맹자孟子』에 '민사民事는 느슨히 할 수 없다.'라 하였다. 주공周公은 「칠월편七月篇」[23]을 지어 농사가 어렵고 고생스럽다는 것으로

---

20) 노차(路次) : 길을 가는 도중에 머무는 곳이다.

21) 육행(六行) : 여섯 가지의 덕행(德行)을 말한다. 즉 효(孝, 부모에 효도), 우(友, 형제간에 우애), 목(睦, 친족간에 화목), 인(婣: 외가 또는 처가간의 친목), 임(任, 친구 사이의 믿음), 휼(恤, 빈궁한 사람을 구휼함)을 말한다.

22) 『서경(書經)』 : 처음에는 다만 『서(書)』라고 하다가 한대(漢代)에 『상서』라고 하였다. 송대(宋代) 이후에 와서 비로소 『서경』이라고 하였다. 『금문상서(今文尙書)』와 『고문상서(古文尙書)』가 있다.

23) 「칠월편(七月篇)」 : 『시경(詩經)』「빈풍(豳風)」의 편명(篇名)이다. 주(周)나라 성왕(成王)이 어린

성왕成王을 경계하였다. 하물며 들에 살면서 농사에 힘써 일하여 먹고 사는 사람이 곱절로 힘쓰지 않아서야 되겠는가?"라고 하셨다.

전삼성全三省[24]이 마음을 보존하는 것[存心]에 대하여 물으니, 부군께서 다음과 같이 말씀하셨다. "마음이란 몸 전체를 주관하며, 모든 변화에 대응하는 것이다. 모든 이치를 갖추어 신령스럽고 어둡지 아니하며[虛靈不昧][25] 사물을 환히 비추어 본다. 체體와 용用[26]을 갖추고 있으면서 신묘하여 헤아릴 수 없다. 사람이 마음을 꼭 잡고 있으면, 마음이 어찌 보존되지 않겠는가? 사람이 마음을 놓아 버리면, 마음이 어찌 없어지지 않을 수 있겠는가? 정자程子께서 말씀하신 '성현의 수많은 말씀은 단지 사람들로 하여금 이미 놓아 버린 마음을 다시 몸에 들어오게 하려는 것'이다. 범준范浚[27]은 「심잠心箴」에서 '군자는 성심誠心을 보존하여 능히 생각하고 능히 공경하니, 천군天君이 태연하여 몸의 각 부분도 명령을 따르게 된다.'"

홍경승洪慶承[28]이 성을 기르는 것[養性]에 대하여 물으니, 부군께서 다음과 같이 대답하였다. "하늘이 사람에게 부여한 것이자 사람이 하늘로부터 받은 것이 성性이다. 처음 하늘이 성을 내려 주셨을 때는 불선不善함이 있지 않았으니 성인聖人도 그 성품을 타고 나며, 어리석은

나이에 즉위하니 농사가 얼마나 어렵고 중요한지를 알지 못하였다. 섭정(攝政)인 주공(周公)이 「칠월편」을 지어 농사의 어려움과 날씨의 변화를 관찰하고 곤충과 초목의 변화를 살펴 때에 맞추어 농사를 하도록 가르치고, 임금께도 이 시를 악사(樂師)를 시켜서 매일 외어 가르치게 하였다고 한다.

24) 전삼성(全三省) : 자는 군면(君勉), 호는 서강(西岡), 본관 축산(竺山)이다. 그는 영천에 살았으며, 임진왜란 때 형 전삼익(全三益)과 함께 의병을 일으켰다. 학문이 깊고 문장이 탁월하였다.

25) 허령불매(虛靈不昧) : 마음은 텅 비어 있으되 신령스러워 어둡지 않다는 뜻이다. 『대학장구(大學章句)』 제1장에서는 "명덕(明德)은 사람이 하늘에서 얻었는바 신령스럽고 어둡지 아니하여, 중리(衆理)를 갖추어 만사(萬事)에 응하는 것이다.[明德者 人之所得乎天 而虛靈不昧 以具衆理 而應萬事也]"라고 하였다.

26) 체용(體用) : 성리학에서 사용하는 철학 용어로 사물의 본체와 현상, 또는 원리와 그 작용을 말한다.

27) 범준(范浚) : 송(宋)나라의 유학자(儒學者)이다.

28) 홍경승(洪慶承) : 자는 군하(君賀), 호는 혼암(混庵), 본관 부림(缶林)이다. 그는 한강(寒岡)의 문인이며. 임진왜란 때 의병장 권응수(權應銖)의 막하(幕下)에서 군량조달을 담당하였다. 선무원종공신(宣武原從功臣)에 녹선되었다.

사람도 그 성품을 타고 난다. 다만 부여받은 기질이 비록 선하지 않은 경우가 있지만, 성이 본래 선善하다는 뜻에는 해가 되지 않는다. 성이 비록 본래 선하지만 성찰하고 올바르게 조정하려는 노력을 조금도 게을리 해서는 안 된다. 가령 내 자신이 솔선하여 건순健順[29]의 덕을 극진히 하여 외물外物이 그 사이를 덮을 수 없게 하면 거의 자기 본래 성을 잃지 않게 되고, 천명天命을 본래 그대로 온전히 할 수 있을 것이다."

조희로趙希老가 예禮에 대하여 물으니, 부군께서 "예는 인정人情에서 나오는 것이지만, 의리義理에 맞아야 한다."고 하시고, 마침내 『사례략四禮略』 한 책을 찬집纂輯하시고, 또 『존양록存養錄』 한 권을 저술하셨다.

어느 날, 이광준李光俊이 『중용中庸』에서 "중中과 화和를 지극히 하면 천지가 제 자리를 잡고, 만물이 잘 생육된다."고 한 것에 대하여 물으니, 부군께서 "중과 화를 지극히 한다는 것은 하나의 성誠일 따름이다. 성誠하지 못하면 사물도 없는 것이니, 천지가 제 자리를 잡을 수 없고, 만물이 잘 생육될 수 없다."라고 하셨다.

금계錦溪 황준량黃俊良께서 일찍이 편지 글 속에서 찬탄하시며, "내가 우리 땅에서 옛날 후직이 하던 사업을 다시 보는구나."라고 하셨다.

회당悔堂 신원록申元祿은 매번 사람들에게 "박모朴某가 일세一世를 경영하여 구제하려는 뜻은 동약洞約과 숙약塾約에서 볼 수 있다."고 말씀하셨다.

사간司諫 최경홍崔景洪도 또한 언제나 우리나라에 순舜 임금, 우禹 임금 시절의 농사 스승이 다시 나왔다고 일컬으며, 지방관과 도道의 감사監司들로 하여금 안부를 자주 물어보게 하였다.

응교應教 류순선柳順善은 편지를 보내어 농사 스승이라고 칭찬하였다. 또 학문이 매우 깊다고 허여許與하며 불피설不辟說을 질문하는 일까지 있었다.

현감縣監 민세정閔世貞[30]이 말하기를 "박모의 학문이 장차 쓰임을 얻어 농관農官을 맡으면

---

29) 건순(健順) : 천지(天地)의 덕(德)을 말한다. 건(健)은 양(陽)의 덕이고, 순(順)은 음(陰)의 덕이다. 『중용장구(中庸章句)』 제1장 주(註)에서는 "사람과 사물이 생겨남에 각각 부여받은 이(理)를 얻어 건순(천지, 음양의 덕)과 오상(인·의·예·지·신)의 덕이 되니, 이른바 성(性)이라는 것이다.[人物之生 因各得其所賦之理 以爲健順五常之德 所謂性也]"라고 하였다.

전야田野가 크게 개척되어 백성들이 다시 강구연월康衢煙月의 노래를 부르게 될 것이다."라고 하였다.

송은松隱 김광수金光粹께서는 "박모가 사람들을 가르치고 학문을 높이며 농업을 일으키는 방법을 보니, 만약 순舜 임금과 우禹 임금 시대에 태어났더라면 마땅히 후직后稷이 했던 일을 담당했을 것이다."라고 말씀하셨다.

경오년庚午年(1570, 선조3)에 수의繡衣 사또(암행어사)의 추천으로 후릉厚陵31) 참봉에 임명되었으나, 취임하지 않았다.

신미년辛未年(1571, 선조4), 갈천葛川 임훈林薰32)이 내방하였다. 임공은 그때 비안比安 고을 원[守令]이었다. 공무가 한가하면 들러서 자주 어울렸다.

임신년壬申年(1572, 선조5) 2월 12일은 부군의 53세 생일이었다. 지난 밤 꿈에 본 사람과 같아 보이는 한 노인이 와서는 벼와 콩의 씨앗이 들어 있는 봉지를 주며 이렇게 저렇게 하라고 하였다. 받아서 마을 앞의 논에 시험하여 심었고 콩은 밭둑에 심었다. 종자를 심어 종자를 생산하여, 3~4년 안에 사방에서 널리 무성하게 심게 되자 농가에 이로움이 매우 컸다. 동약洞約 사람들은 모두 "그 노인은 반드시 신인神人이 틀림없습니다."고 하였다. 벼 이름을 '정금조正金租'라 하였는데, 신인이 구월산九月山 정금동正金洞에서 왔다고 말했기 때문이었다. 또 그 처음 심은 땅을 '여대稆垈'라고 이름 지었다.

이 해에, 장천서원長川書院의 모재慕齋와 회재晦齋 두 선생의 입향례立享禮에 참석하였다.

일찍이 무진년戊辰年(1567)과 기사년己巳年(1568) 이후, 곤궁한 때를 만나면 서숙의 창고에서

---

30) 민세정(閔世貞, 1471~1538) : 자는 정숙(正叔), 호는 신재(愼齋), 본관은 여흥(驪興)이다. 음직(蔭職)으로 언양 현감(彥陽縣監)을 역임하였다. 기묘사화에 연루되어 향리에서 후진을 양성하였다. 학천 백부의 사위이며, 청계(淸溪) 김진(金進)의 처숙(妻叔)이다.

31) 후릉(厚陵) : 정종(定宗)과 비(妃) 안정왕후(安定王后) 경주 김씨의 능으로 풍덕(豊德, 현 경기도 개성시)에 있다.

32) 임훈(林薰, 1500~1584) : 자는 중성(仲成), 호는 갈천(葛川), 본관은 은진(恩津)이다. 생원시(生員試) 입격(入格)하였다. 효행으로 언양과 비안 현감을 역임하였으며, 장예원(掌隷院) 판결사(判決事)를 이르렀다. 이조 판서에 추증되었고 시호는 효간(孝簡)이다.

절약하여 저축한 것으로 숙약에 가입한 대소 가난한 사람을 구휼救恤해 주었다. 또 그 나머지 곡식을 널리 배포하여 멀거나 가까운 곳의 사궁四窮[33] 인 사람이 찾아와 사정을 말하면 진휼하였다. 기근이 든 해에는 죽을 쑤어 떠돌이 거지들을 먹여주니, 그 은혜를 입어 살아난 자가 많았다.

갑술년(1574, 선조7) 정금조 3백 섬을 국고에 보충하였다. 병자년(1576, 선조9)에 또 5백 섬을 보충하니, 임금께서 빈민을 진휼한 의리와 국고를 보충하는 정성을 어여삐 여겨 수의부위修義副尉[34] 로 품계品階를 주고 장차 등용하여 쓸 뜻을 보였다.

만력萬曆 5년 - 선조宣祖 10년- 정축년丁丑年(1577), 집에서 지내면서 도학道學을 강론하시고, 「좌우명座右銘」을 지어 벽에 걸어 두셨다. 또 「만록謾錄」을 짓다가 끝내지 못하고, 7월 20일 경에 병으로 자리에 누우셨다. 스스로 일어날 수 없음을 알고, 조카 장춘長春을 불러 거듭 부탁하기를 "나는 현의 남쪽 여러 마을에 조적糶糴[35] 이 불편하기 때문에 대략 경영하여 처리하려고 하였으나, 일은 크고 생각은 모자라서 아직 이루지 못하였다. 너의 역량과 지략은 내가 비록 아무리 노력해도 따라갈 수 없다. 오직 마음으로는, 내가 너이고 네가 나이다. 너는 있는 힘을 다하여, 서숙의 재물을 풀어 쓰더라도 빨리 조적을 도모하라."고 하셨다.

또 여러 아들을 경계하여 "내가 너희들에게 가슴 속에 많이 쌓아둔 것을 말하려는데, 기운이 빠져 혀가 억지로 발음을 할 수 없어서 그만 두겠다. 특별히 너희들을 경계하는 것은 술을 즐기지 말라는 것이다. 술은 성정을 해치는 미치광이 약이다. 술 마시기를 좋아하여 실성失性한 자는 내 자손이 아니다."고 하셨다. 또 주위를 돌아보고 "너희 어머니가 이 자리에 와 있느냐?"며 묻고 "부인은 어린 손자손녀들을 잘 가르쳐 주시오."라 하시고 또 "부인의

33) 사궁(四窮) : 딱한 처지에 있는 네 가지 경우를 말한다. 즉 환(鰥, 늙고 아내가 없는 자), 과(寡, 남편을 여읜 여자), 고(孤, 부모가 없는 아이), 독(獨, 봉양해 줄 자식이 없는 자)을 말한다.

34) 수의부위(修義副尉) : 서반(西班, 즉 무반) 관계(官階) 종8품(從八品)을 말한다.

35) 조적(糶糴) : 곡식을 사고파는 일을 말하는데, 풍년에 쌀값이 싸면 사들여서, 흉년에 쌀값이 비싸질 때 싸게 팔아서 빈궁한 사람을 구제하는 일을 말한다.

환갑이 넉 달도 안 남았는데, 나는 당신과 함께 아이들이 올리는 음식을 맛보지 못하는 것 이것이 하나 뿐인 한恨이오."라고 하셨다.

또 "지금 세속에서 아내의 옷 한 벌을 남편의 관 속에 넣고, 남편의 옷 한 벌을 아내의 관 속에 넣는데, 이는 매우 어그러진 예이오. 오직 부인께서는 이러한 예를 사용하지 마시오." 라 하였다. 그리고는 "예법禮法에 남자는 여자의 손에서 목숨을 끝마치지 않고, 여자는 남자의 손에서 목숨을 끝마치지 않는다 했으니, 부인은 곧 내실로 자리를 옮기시오." 하였다. 이에 아들과 조카들에게 자리를 다시 깔도록 하고 그곳에 누워 만족한 듯이 돌아가시니, 곧 8월 2일이었으며, 향년享年이 겨우 58세였다. 원근의 사람들이 달려와 곡哭을 하였는데, 모두들 "훌륭한 스승이 돌아가셨다."·"활불活佛이 돌아가셨다."고 하였다. 달을 넘겨 10월 임자일壬子日에 집 뒤 학미산鶴嵋山 묘향卯向 언덕에 장례하였는데, 장례에 모인 사람이 수백 명이었다.

부군께서 돌아가신 뒤 문득 벌써 3년이 되었다. 불초자식들은 곧 죽지 않았지만 겨우 숨만 쉬고 있을 따름으로, 남기신 일들이 오래되면 혹시 실상實狀을 잃어버릴까 염려하였다. 어머니께서는 주곡晝哭36)이 도를 넘어 자리에 누우셨고, 백형伯兄께서는 지나친 슬픔이 병이 되어 붓조차 잡을 수 없으며, 중형仲兄께서는 화로火爐에 약藥을 다리는데 연달아 골몰하고 있어 잠깐의 여가도 없었다. 이에 나를 시켜 가정에 각각 흩어져 있는 글귀를 걷어 모으게 하고, 믿고 따른 여러 사람들의 견문한 것을 기록하게 하였다. 그리고 중첩重疊된 것을 산삭刪削하고 사실을 모아서 차례대로 조목조목 나열하여 유사遺事 한 통을 엮어 내도록 하였다. 입언군자立言君子37)께서 채택하여 인정해 주시기를 공손히 기다리는 바이다. 고자孤子 영춘榮春은 피눈물을 흘리며 삼가 이를 기록한다.

---

36) 주곡(晝哭) : 남편을 여위어 곡을 하는 것으로, 춘추시대에 경강(敬姜)이 남편 목백(穆伯)의 상(喪)을 당해서는 낮에만 곡을 하고, 아들 문백(文伯)의 상을 당해서는 밤낮으로 곡을 하였는데, 공자(孔子)가 이를 두고 예를 안다고 평하였다 한다.[穆伯之喪 敬姜晝哭 文伯之喪 晝夜哭 孔子曰 知禮矣 哭夫以禮 哭子以情](『禮記』「檀弓下」)

37) 입언군자(立言君子) : 후인(後人)을 경계할 훌륭한 말씀과 학설을 발표하여 세상을 깨우치는 것을 입언이라고 하며, 그러한 위치에 있는 훌륭한 분을 가리킨다.

위의 기록은 나의 할아버지 학천부군鶴川府君의 유사遺事인데, 나의 돌아가신 아버지께서 초토중草土中[38]에 편찬하신 것이다. 아! 부군의 뜻한 일과 실행한 것은 순수하여, 한결같이 깊은 인仁과 높은 의義에서 나왔으며, 묘령妙齡의 나이에 이미 회재 이 선생과 앙재 최상국 같은 대현大賢에게 허여許與 받았고, 황금계黃錦溪와 신회당申悔堂같은 군자君子와 막역莫逆한 사이였다. 그 경륜과 시행한 일은 세상을 구제하고 학문을 일으키는 큰 규모 아님이 없었고, 강구講究하고 편집編輯한 것은 백세에 걸쳐 본받을 만한 문자 아님이 없었다. 곤궁하거나 현달함은 명命에 달려 있으니, 비록 그 당시 임금께는 쓰임을 받아 한 세상을 널리 구제하지는 못했지만 한 지방에서는 실행을 하였다. 한 지방이 도탑게 교화되었으나 하늘이 또 목숨을 빌려주지 않아 나이 겨우 58세를 헤아리고 돌아가시니, 수명壽命이 덕德에 걸맞지 못하였다.

부군께서 돌아가신 지 15년인 임진년壬辰年에 섬 오랑캐가 창궐하여 임금께서 파천播遷하셨는데, 나의 돌아가신 큰아버지께서 당시 사복시司僕寺[39]에 있으면서 성이 함락하던 날 순국殉國하셨다. 선군先君께서는 가동家僮 수백 명을 거느리고 의병義兵의 진지로 달려 가셨고, 집은 또 왜적이 요충으로 삼는 곳에 있어 적들이 집에 불을 질렀는데 작은 아버지께서 그때 다쳐서 돌아가셨다. 집의 가재도구는 모두 재가 되어 유사 가운데 기록된 부군의 유고遺稿로는 책 한 권이나 종이 반 장도 지켜낸 것이 없다. 오직 「재거만록」에서 기초한 구겨진 종이 몇이 재가 되지 않아 단지 십오조十五條가 남아 있었다.

시詩 몇 수首, 잠箴 하나, 명銘 셋, 숙기塾記, 숙절목塾節目, 「자훈字訓」, 「기몽記夢」 여러 편은 다행히 삼종숙三從叔 월암공月巖公 몽거夢琚의 잡초지雜草紙 가운데에 있었고, 편지 약간 첩帖과 「예략 상편禮略上篇」은 상사上舍 조희로趙希老 집에서 찾았는데, 이는 상사 어른께서 함께 배우던 날 공부하던 것을 손으로 베낀 것이고, 하편下篇은 베낄 겨를이 없었다고 한다. 그 외에 『약서증산約書增刪』·『육행신편六行新編』·『농가요람農家要覽』·『정책찬요政策纂要』·『존

38) 초토중(草土中) : 거적자리와 흙베개란 뜻으로, 상중(喪中)임을 나타내는 말이다.
39) 사복시(司僕寺) : 조선시대 임금이 쓰는 말·가마·외양간·목장의 관리를 담당하는 정3품(正三品) 관아(官衙)이다.

양록存養錄』 여러 권과 시와 편지 잡고雜稿는 다시 찾을 길이 없게 되었다. 이는 우리 한 집안의 망극한 고통일 뿐만 아니라, 삼가 후세에도 개탄스럽고 애석한 일이다. 그 당시 믿고 따르던 무리들 가운데 혹 난리로 멀리 달아나던 여가에 베껴 간수하여 남겨진 것을 가진 자는 없는가? 우선 이런 까닭으로 오래도록 기다리고자 한다.

지손支孫 제濟는 삼가 기록한다.

행장行狀

윤국형尹國馨40) 달촌達村 공조 판서工曹判書

학천선생鶴川先生 박공朴公은 휘諱가 승承이고, 자字는 찬지纘之이다. 박씨朴氏는 본래 신라新羅의 종성宗姓이다. 제삼공자第三公子가 속함速咸을 봉지封地로 받았으니 지금의 함양咸陽이다. 그래서 후손들이 그곳을 관향貫鄕으로 삼았다. 고려高麗 때, 휘 선善이 문과에 급제하여 예부 상서禮部尙書를 지내고 함양군에 봉해졌으며, 추밀원사樞密院事에 증직贈職되었다. 사대四代를 전해 휘 신유臣蕤에 이르러 문과에 급제하여 판호부 상서判戶部尙書와 추밀원사를 지내고, 호남의 도적을 토평한 공으로 응천군凝川君에 봉해졌으며, 상주국上柱國 판삼사사判三司事에 증직되었다. 여섯 아들을 두었는데 모두 훈작勳爵으로 현달하였으며, 셋째 아들 휘 지량之亮은 문과에 급제하여 금자광록대부金紫光祿大夫 상주국 판삼사사를 지내고, 동정東征하여 공을 세워 금패인金牌印을 하사받고 함양군에 봉해졌다. 또 지원至元 연간에 공이 있어, 천자가 금부金符를 하사하고 만부장萬夫將 벼슬을 내렸다.

맏아들 휘 종琮은 관직이 중랑장中郎將이었으며, 안의安義에서부터 의성義城으로 이거하였다. 사대四代를 전해 이르러 휘 성양成陽은 호號가 금은琴隱으로, 포은圃隱 정 선생鄭先生을 스승으로 섬겼다. 포은이 별세하자 세상에 뜻이 없어 은거하며 도를 즐기니, 우리 태조께서 여러 번 불렀으나 몸을 일으키지 않았다. 마침 남쪽 변방에 왜적의 근심이 생기자, 조정에서

40) 윤국형(尹國馨, 1543~1611) : 초명(初名)은 선각(先覺), 호는 달촌(達村), 본관은 파평(坡平)이다. 문과에 올라 대사헌과 공조 판서를 역임하였다. 저서로 『문소만록(聞韶漫錄)』이 있다.

문무의 온전한 재주가 있다고 여겨 특별히 원수로 천거하니, 곧 이에 명령을 따랐다. 휘 성양은 네 임금을 섬겼으며, 관직이 이조 참판吏曹參判에 이르고 공로는 사직社稷을 보존하였으며, 덕은 온 백성에게 미쳤다. 세상에서 이 분을 국초國初의 명현名賢이라고 일컬었는데, 공에게는 고조부高祖父가 된다.

증조曾祖 휘 충무冲武는 관직이 강계 판관江界判官으로 동쪽과 북쪽을 정벌하여 모두 승전을 보고하였으며, 원종훈原從勳에 녹선錄選되었다. 조부祖父 휘 유부有阜는 문과에 급제하였으며 관직은 사직司直이었고, 세상에서 일컫던 문소팔부聞韶八阜(팔형제) 가운데 맏이였다.

아버지는 휘가 경신景信이며 관직은 정릉 참봉貞陵參奉을 지냈다. 종매부從妹夫인 회재晦齋 이언적李彦迪과 도의道義로써 사귀었으며, 호가 빙암氷巖인데, 회옹晦翁께서 그렇게 일컫도록 허여한 것이다. 어머니는 영인令人 동래 정씨東萊鄭氏로 감찰監察인 기琦의 따님이다. 인숙仁淑하고 정정貞靜하여 옛 강원姜嫄의 덕성을 지녔다.

명明나라 정덕正德 15년 경진년庚辰年(1520, 중종 15) 2월 12일 축시丑時에 공은 의성義城 가음佳音 토현리土峴里 집에서 출생하였다. 정부인鄭夫人이 일찍이 꿈에 강원姜嫄이 주는 향약수香藥水 한 순갈을 받아 마시고 임신하였고, 해산하는 새벽에 빙암공이 후직后稷을 좌석으로 인도하는 꿈을 꾸었으니, 매우 특이한 일이었다. 공은 태어나면서 잘 생겼으니, 특히 이마가 넓고 코가 우뚝하였으며 눈과 눈썹이 아주 선명하였다. 종고모부인 회재 이 선생이 일찍이 와서 어루만지며 기뻐 말하기를 "훗날 박씨 가문을 크게 번창케 할 사람은 반드시 이 아이일 것이다."라고 하였다. 앙재 찬성贊成 최숙생崔淑生도 역시 공의 종고모부인데, 공이 5~6세가 되었을 때 역시 와서 어루만지며 이르기를 "이 아이는 아직 젖 먹는 어린애인데도 거인의 뜻을 가진 듯 우뚝하고, 또한 곡식을 심기 좋아하니 장래 반드시 후직의 사업을 해내리라."라고 하였다.

7세에 처음 책 읽기를 배웠는데, 깊이 가르치지 않아도 뜻풀이가 이미 분명하였다. 글자를 쓰면서 붓을 놀릴 때마다 반드시 올바르게 하여 한 획도 어긋나지 않았다. 공부하는 여가에 함께 배우는 아이들과 집 뒷산에 올라가 땅을 구획하여 집과 밭으로 삼아 아이들 숫자대로 만들었다. 그리고 각각 집 하나와 밭 하나를 담당하게 하고 묘목을 캐며 모실茅實을 따다가 여러 아이들에게 나누어 주니 각기 집에 빙 둘러 심어 울타리로 삼으며, 각기 밭에 씨 뿌리게 하니 그 설비와 순서가 훌륭하여 법도에 맞아 보는 사람들이 모두 신동神童이라고 하였다.

13세에 공은 『효경孝經』·『논어論語』·『대학大學』·『중용中庸』에 익숙하지 않은 것이 없었다. 더욱이 맹자 정철법井徹法의 의의意義에 마음을 두어 마음속으로 연구하여 정밀하게 꿰뚫어 그 요령을 깊이 있게 얻었다. 또 『상서尙書』에 있는 일년一年이 삼백도수三百度數라는 것을 연구한 지 한 달이 되지 않아 활연히 관통하였고 윤달을 두어 한 해를 이루는 이치에 감탄하니, 스승이 그 일찍 성취하는 것을 매우 칭찬하였다. 대개 세상을 구제하고 학문을 진흥[濟世興學]하려는 뜻을 평생 마음속 깊이 쌓아서, 한 가지 일도 가벼이 벗어나게 하지 않으며 한 책도 허투루 지나침을 용납하지 않는 단서端緖가 이미 여기에 드러나 있었다.

을미년(16세) 봄에 공은 관례冠禮를 올렸다. 가을에 회재선생께 가서 배알하고, 수십일 동안 학문을 익히고 연마鍊磨하여 돌아왔다. 이로부터 언제나 성현聖賢의 책을 읽고, 자신을 다스리고, 집안을 다스리고, 백성을 다스리고, 농사를 경영하는 데 절실하게 필요한 모든 말을 꼭 기록하였다. 그리고 성誠과 경敬 두 글자를 점대[籤]에 새겨 언제나 쉽게 볼 수 있도록 하였고, 마음가짐과 일의 처리는 한결같이 화합과 믿음을 위주로 하였다.

빙암공氷巖公이 일찍이 병들었을 때 공은 아버지의 대변이 달고 쓴지를 맛보았으며, 집 뒤 깨끗한 곳에 단을 설치하고 밤마다 자시子時에 단 위에 정화수井華水 한 동이를 올리고, 목욕하고 의관을 정제하여 향을 피우고 하늘에 백 여일 동안 기도를 올리니, 아버지의 병에 과연 효험이 있었다. 사람들이 모두 효성이 하늘을 감동시켰다고 여겼다. 무술년에 독서실에 성재誠齋 두자를 써 붙이고, 명銘을 지어 스스로를 경계하였으며, 또 자경문自警文 한 편을 지어 벽에 붙여두었다.

20세 때, 빙암공이 조문[召文]의 학미동鶴尾洞으로 공의 분가分家를 명하셨으니, 그 마을은 종고조이신 함양군사咸陽郡事 휘 정精이 벌써 터를 잡아 놓은 곳이었다. 그 손자 참봉 휘 경장景章이 연로하였고, 그 부인 문소 김씨聞韶金氏도 역시 늙어 기르는 자식이 없었다. 공은 친 부모처럼 이분들을 모셨으며, 돌아가셨을 때 염殮과 빈殯·장례葬禮·제사祭祀를 삼가 성의껏 예법대로 다하여, 자기의 정의情義를 다하고 저승에서도 유감이 없도록 하였다.

공은 부모상父母喪을 당했을 때, 관을 부여잡고 가슴을 치며 울부짖고 발을 굴러 슬퍼하였으며, 물과 장醬을 입에 대지 않았다. 장례 지내고 담제禫祭 전에는 단지 채소와 물만 먹었고, 비록 병이 들어 위독한 경우에도 절대 생강이나 계피 같은 것들은 먹지 않았다. 졸곡卒哭과 부제祔祭를 지낸 뒤, 혹 이십 리 떨어진 사가私家로 가는 일이 있을 때는 비바람을 만나더라도 사가에 머물러 조석으로 올리는 곡哭과 궤饋를 빠뜨린 날이 하루도 없었다. 묘는 십리쯤 떨어져 있으나, 한 달에 6일을 한도로 찾아서 곡을 하였고 눈비가 와도 그만두지 않았다. 담제 후 아직 길제吉祭를 올리기 전에는 어육魚肉을 먹지 않으니, 백형·중형 등 여러 사람들이 매우 안타까워하며 귀중히 여기셨다.

일찍이 아버지의 명으로 과거 공부를 하였으나 전력專力을 기울이지 않았으며, 오직 수기치인修己治人과 농업을 진흥하는 일에 부지런하여 지질地質이 마땅한지 살피고 들의 백성들에게 농사법을 가르쳤다. 또 천문天文·풍수[堪輿]·의술醫術·산수算數·궁마弓馬·행진行陣 같은 분야도 두루 깊이 연구하지 않음이 없어서 지식을 넉넉하게 쌓았다.

정미년丁未年, 회재선생께서 서울로 가시는 길에 공을 방문하시고는, 공의 큰 경륜과 큰 범위에 감탄하셨다. 그리하여 더욱 힘쓰라고 하면서, "시작처럼 끝마무리도 삼가서 잘 하라."고 하셨다. 계축년癸丑年 회재선생의 계씨季氏의 상喪에 조문하러 가서 겸하여 종고모께 인사드리고, 또 인편人便을 얻어 회재선생의 배소配所로 편지를 올렸다. 을묘년乙卯年에 금계錦溪 황준량黃俊良이 내방來訪하였다. 대개 황공이 신녕현新寧縣의 읍재邑宰로 있을 때였다. 이때부터 글을 주고받거나 서로 만나 관계가 끊임없이 이어졌다.

신유년辛酉年, 공은 거주하는 곳의 곁에 있는 구고九皐에 서숙書塾을 세우고, 땅 이름을 따서 편액扁額을 붙였다. 배우러 온 학도들과 규약規約을 세우되 안정安定 호공胡公의 호학湖學과 같이 하고, 또 그 지방의 대소 인민들을 모이게 하여 남전 여씨藍田呂氏의 향약鄕約 규정規程에 고금古今의 사례를 참작하여 만들어 시행하였다. 그리고 이를 책 한권으로 엮어 만들어 이름을 『약서증산約書增刪』이라 하였다. 또 농지農地 백 마지기[斗落], 곡식 백 섬[斛], 돈 백 꿰미[緡]를 서숙의 재산으로 출재出財하여 불려 나가도록 하였다. 그리고 서숙에 선생을 배치하여 여러 학생을 가르쳐 거느리게 하고, 매 달마다 공이 여섯 번 출석하여 닷새 동안 읽은 것의 강講(익힌 것을 암송함)을 받아 보고는 그들의 재주를 헤아려서 상벌을 내렸다. 이듬 해 봄, 서숙의 동쪽에 재실 세 칸을 짓고, 서숙의 서쪽에 창고 네 칸을 지었으며, 「입약절목立約節目」과 「자훈字訓」의 모든 조문條文을 손수 써서 서숙의 벽에 붙여 놓고 약인約人과 학도學徒들이 살펴보게 하였다. 혹시 배우기를 원하는데 의탁할 곳이 없는 사람이 있으면 반드시 거두어 의식衣食을 제공하고는 부지런히 배우게 하니, 서숙에서 다 수용할 수가 없을 정도였다.

계해년癸亥年 봄, 금계 황준량이 성주星州 임소에서 병이 나 사직하고 돌아가는 길에 도리원桃李院을 지났는데, 공은 황공이 머무는 곳에 가서 진맥診脈하였다. 또 그가 집에 이르지도 못하고 갑자기 별세하였다는 소식을 듣고 매우 슬퍼하였다. 거처하는 방에 면와勉窩라고 써서 걸고, 명銘을 지어 자기 자신과 남들을 근면케 하는 자료로 삼았다. 또 옛 사람의 효孝·우友·목睦·인婣·임任·휼恤 곧 육행六行에 관한 간절한 말을 모아 책 한 권으로 편성하여, 『육행신편六行新編』이라고 이름 지었다. 또 일찍이 부국안민富國安民하는 방책을 오랜 기간 연구하여 『농가요람農家要覽』을 펴내었다. 또 「근잠勤箴」을 지어서 학도學徒와 약중인約中人을 일깨워 주었다.

배우는 사람이 벼슬하는 것을 물으면 공은 "맹자孟子께서 '선비가 벼슬하는 것은 농부가 밭가는 것과 같다.'고 말씀하셨다."라 하고는 마침내 벼슬에 올라 정사政事를 펼치는데 긴요한 방책을 모아 책으로 엮어 이름을 『정책찬요政策纂要』라고 하였다. 조희로趙希老군이 예禮에 관하여 묻자, 공은 "예는 인정人情에서 나왔지만 의義에 합당해야 한다."고 말하고는 마침내 『사례략四禮略』 두 권을 편찬하였다.

경오년庚午年 공은 암행어사暗行御史의 천거로 후릉 참봉厚陵參奉에 제수되었으나 취임하지 않았다. 신미년辛未年 비안比安의 수령인 갈천葛川 임훈林薰이 내방하였다. 이로부터 공은 여가가 있으면 자주 찾아가 많은 의론을 하였는데, 선비를 양성하는 일이나 농업을 일으키고 정사를 처리하는 일 등에 관한 것이었다.

임신년壬申年 2월 12일은 공의 생일이었다. 손님 한 사람이 찾아 왔는데, 지난 밤 공이 꿈에서 본 노인과 꼭 같았고, 벼와 콩이 든 조그만 꾸러미를 주면서 꿈에 본 사람이 한 말과 같은 말을 하였다. 곧 문 밖의 대지垈地에 시험하였는데, 씨를 뿌려 종자를 생산하니 몇 년 안 되어 백성에게 이로움이 매우 컸다. 이것을 마을의 약인約人들은 신인神人의 도움이라고 여겼다. 그 벼 이름을 정금正金이라고 하였으니, 그 사람이 구월산九月山 정금동正金洞에서 왔으나 성명을 말하지 않았기 때문이었다. 또 그 처음 시험한 땅을 여대稆垈라고 하였다.

이 해에 장천서원長川書院이 모재慕齋와 회재晦齋 두 선생을 입향立享할 때 공이 나와 함께 동참하였는데, 대개 처음부터 마칠 때까지 이 서원의 일을 주관한 사람은 회당悔堂 신원록申元祿이었다.

일찍이 서숙에서 입약立約한 이후, 매번 춘궁기春窮期에 창고를 열어 입약한 사람 가운데 가난하고 궁핍한 자를 구휼하고, 또 사궁四窮이라고 와서 고告하는 자도 널리 구휼하였다. 또 기근이 든 해에는 죽을 쑤어 떠돌이 거지에게 먹여 주었으니, 공의 힘에 기대어 살아난 사람이 매우 많았다.

갑술년甲戌年과 병자년丙子年 두 해에 정금조 팔백 섬을 바쳐 국고를 보충하니, 임금께서 그가 백성을 진휼하여 구제한 의리와 국고에 바쳐서 보충한 정성을 어여삐 여겼다. 이에 공에게 품계品階를 주어 수의부위修義副尉로 삼았으니 장차 크게 쓰실 뜻이 있었던 것이다.

정축년丁丑年, 집에 계시면서 도학을 강론하고 「좌우명」을 지었다. 이어서 『만록謾錄』을 짓다가 미처 끝내지 못하였다. 7월에 발병發病하여 이십일 정도 조섭調攝하고 공은 다시 회복할 수 없음을 스스로 알았다. 8월 2일에 조카 장춘長春을 불러서 말하기를 "나와 너는 윤기倫紀로 보면 숙질간叔姪間이지만, 나이 차이는 세 살로 어릴 때부터 같은 서당에 다녔으니 의리로는 붕우를 겸하며 마음은 하나이다. 역량力量이나 지략智略은 네가 나보다 백배나 낫다. 나는 일찍이 우리 지역인 현縣의 남쪽은 읍과의 거리가 좀 멀어서 조적糶糴이 불편한 것을 근심하였다. 이에 창고 하나를 지어 운영하려고 하였으나 아직 이루지 못하였다. 너는 나의 뜻을 체득하여 서숙의 재물을 사용하여 빨리 도모하라."라고 하였다.

또 여러 아들을 경계하여 "내가 너희들에게 해줄 말이 비록 많지만, 혀가 오그라들어 소리를 낼 수 없어 그만둔다. 다만 술을 조심하라고 한 것을 특별히 거론하여 경계하니, 너희들은 그것을 삼가고 삼가라. 술은 자기 몸을 망치고, 집안을 망치고, 나라를 망치는 물건이다. 술을 즐겨 실성失性하는 자는 내 자손이 아니다."라고 하셨다. 뒤이어 부인에게 "손자 아이들을 잘 가르쳐 주오."라고 하시고, 또 "지금 풍속에 남편의 관 속에 아내의 옷 한 벌을 넣고, 아내의 관 속에 남편의 옷 한 벌을 넣는데, 이는 매우 예에 어긋나오. 오직 부인은 삼가 이러한 예를 따르지 마시오."라 하였다. 자질子姪들에게 자리를 고쳐 깔게 하고 그 자리에 누워 편안히 생을 끝내시니, 향년享年이 58세였다. 원근에 부음訃音이 들리자 모두들 "명사明師께서 돌아가셨다.", "활불活佛께서 돌아가셨다."라고 하였다.

10월 임오일壬午日에 학미산鶴嵋山 묘향卯向 언덕에 장사하였다.

아! 공은 어릴 때부터 놀이를 하거나 의복과 음식에 있어서 어버이의 뜻을 어긴 적이 없었고, 또 회재晦齋·앙재盎齋 두 어른의 기대와 장려를 받았다. 7~8세 때 이미 배움에 부지런하며, 밭 갈고 집 짓는 놀이를 하는 데에서 크게 품은 뜻을 드러내었다. 좀 자라서는 혼정신성昏定晨省[41]의 수고를 형님들께 맡기지 않고 스스로 도맡아 더욱 정성스럽게 하였다. 선반에 음식물을 간수하여 언제나 맛있는 것이 남아 있도록 하고서는 어버이가 찾으면 언제나 곧 "있습니다."[42] 하고 내놓았다. 아플 때에도 재빨리 웃는 얼굴을 하여 어버이가 알지 못하게 하고, 어버이가 혹시 병이 들면 좋은 약을 쓰고 기도하여 마침내 하늘이 감동 하게 하였다. 돌아가시게 되자 삼가고 정성스럽게 하여 삼년간 소식素食을 하였다. 백중숙부모의 상喪일 때는 비록 일년이 지나 상기喪期가 끝난 뒤에도 삼년 안에는 화려한 옷을 입지 않고, 길례吉禮에 참석하지 않았다.

사종四從 대부모大父母를 섬김에 친 부모를 섬기는 것과 같이 하고, 돌아가시자 상례喪禮와 장례葬禮, 전奠과 제사祭祀의 모든 절차를 유감없게 하였다. 백형伯兄·중형仲兄·숙형叔兄을 섬김에 오직 삼가서 일마다 반드시 여쭈었으며, 도리에 심히 해롭지 않으면 반드시 따르고 어김이 없었다. 공이 집에서 지낼 때는 온화하고 공경하여 무례하고 방자한 안색을 보이지 않았으며, 규문閨門의 안은 엄숙하기가 마치 조정朝廷에 있는 것 같았다.

공은 형수兄嫂를 대할 때면 반드시 모습을 여미고 자리는 떨어져 앉았으며, 쓸데없는 이야기를 하지 않았다. 종족 일을 처리할 때는 은혜와 사랑을 온전히 하는 데 힘썼으며, 친척과 이웃 마을의 의탁할 곳 없는 고아는 반드시 거두어 기르고 시집 장가도 보내 주었다. 자질들을 가르침에는 엄격하였으나 은덕도 베푸니, 자질들이 모두 공의 가르침을 잘 좇아서 향당鄕黨에서 크게 칭찬하는 소리가 있게 되니, 이는 공의 내행內行이 진실하였기 때문이다.

---

41) 혼정신성(昏定晨省) : "날이 저물면 잠자리를 정해 드리고, 새벽에는 안부를 살펴야 한다[昏定而晨省]"는 뜻으로 부모에게 효도하는 도리이다.(『禮記』「曲禮」)

42) 있습니다 : 증자(曾子)가 아버지를 봉양할 적에 반드시 술과 고기로 봉양하고, 상을 물릴 때 "남은 음식을 누구에게 주시렵니까?"하고 물었으며, "남은 음식이 있느냐?" 하시면 반드시 "있습니다."라고 대답하였다.[曾子養曾皙 必有酒肉 將徹 必請所與 問有餘 必曰有](『孟子』「離婁 上」) 이는 부모의 마음을 잘 받드는 것을 말한다.

공은 각고의 노력으로 공부를 하였는데, 조카 장춘長春과 함께 한 방에 거처하며 어렵거나 의문이 나는 것을 서로 의론하고 강독하여 마치 붕우가 서로 잘되게 돕는 것 같았다. 공은 젊어서 아버지의 명으로 비록 과거 공부를 함께 하였으나, 역시 한 가지 재주나 한 가지 선행으로 이름과 명예를 얻으려 하지 않았다. 사실에 딱 들어맞아 생활 가까이에 절실한 일을 하며, 세상을 구제하고 백성을 편안히 하는 방책을 궁구窮究하여 침잠沈潛하고 관통貫通하여 자기의 뜻을 세웠다. 또 역대歷代의 역사와 천문·지리·의술·산수·병마兵馬에 관한 책을 많이 읽었다. 공은 닭이 울면 곧 일어나서 의관을 정제하고 읽은 책을 되풀이 하여 보았으며, 반드시 옛 사람 중에서 어떤 사람이 좋은 일을 하고 어떤 사람이 좋지 않은 일을 하였는지 생각하여, 복잡한 것은 간략하게 하고 간략한 것은 정밀하게 익혀 독실篤實한 데로 들어가니, 지식이 날로 넓어지게 되었다.

널리 사랑하되 어진 이를 가까이 하고 벗을 선택할 때 반드시 살펴 혹은 도의道義로써 사귀고 혹은 경륜經綸과 기개氣槪로서 사귀어 서로 탁마琢磨하고 간절하게 책선責善하여 즐기고 싫증 내지 않았다. 이는 그의 마음가짐이 바르며 교유하는 것이 올바르기 때문에 사사로운데 치우쳐 미혹되지 않았던 것이다.

공은 학교를 일으키고 농업을 일으키는 일을 한 순간도 잊지 않았으며, 더욱 수고와 정성을 기울였다. 반드시 옛 삼대三代 시절의 남긴 제도를 회복하려고 『상서尙書』의 「요전堯典」[43), 「순전舜典」[44)과 「홍범洪範」[45), 『모시毛詩』[46)의 「주남周南」[47) 「소남召南」[48)과 「칠월편七月篇」, 맹자孟子의

43) 「요전(堯典)」: 『서경(書經)』 「우서(虞書)」의 편명(篇名)이다. 요 임금의 사적(事蹟)이 기록되어 있다.

44) 「순전(舜典)」: 『서경(書經)』 「우서(虞書)」의 편명이다. 순 임금의 사적이 기록되어 있다.

45) 「홍범(洪範)」: 『서경(書經)』 「주서(周書)」의 편명이다. 주나라 무왕(武王)이 은(殷) 나라를 멸한 뒤 그 유신(遺臣) 기자(箕子)에게 도(道)를 물었는데, 기자가 우(禹) 임금이 천제(天帝)의 계시로 얻은 '홍범'을 그에게 전해준 것이 기록되어 있다. 홍범구주(洪範九疇)라고도 한다.

46) 『모시(毛詩)』: 『시경(詩經)』의 해설서(解說書)로, 지금까지 전하는 것은 한대(漢代)의 모장(毛萇)이 고문(古文)으로 훈고(訓詁)한 것뿐이어서 시경을 『모시』라고도 부른다.

47) 「주남(周南)」: 『시경(詩經)』 「국풍(國風)」의 첫 번째 편명이다. 주나라와 남국(南國, 주나라 남쪽 지방)에서 채집한 시가 섞여 실려 있다.

48) 「소남(召南)」: 『시경』 「국풍」의 두 번째 편명이다. 남국에서 채집한 시가 실려 있다.

정철井徹과 경계經界 등 여러 글의 심오한 뜻을 깊이 연구하였으며, 관중부자關中夫子[49]를 스승으로 숭상하고, 평양平壤 기자箕子[50]의 정전제井田制 유허遺墟를 가서 관찰하였다. 이어서 서숙書塾을 설립하고, 호안정胡安定의 호학湖學과 여남전呂藍田의 향약鄕約을 좇아 입약立約하였다. 조정에서 공에게 비록 한 번 벼슬을 내렸으나, 선뜻 취임하지 않았다. 더욱 스스로 뜻을 독실히 하고 힘써 배웠으며, 농사를 가르치고 곤궁困窮한 사람을 구제하며, 고아孤兒를 구휼하는 데 쉬지 않고 부지런히 하였다. 그가 지은 「숙약절목塾約節目」·「근잠勤箴」·「성재명誠齋銘」·「면와명勉窩銘」·『약서증산約書增刪』·『농가요람農家要覽』·『육행신편六行新編』·『정책찬요政策纂要』 등의 글은 모두 벼슬에 나아가 평화롭게 다스리는 요긴한 자료들이었다.

하늘이 공에게 감동하여 신인神人을 시켜 정금正金의 씨앗을 주어 도와주게 하였다. 여대稆垈로부터 경내境內에 전파되어 차츰 나아가 국고를 보충하는 데 이르렀다. 성상聖上께서 이를 어여삐 여겨 상賞을 내리고 자급資級을 올려 주었다. 회재와 앙재 어른께서도 모두 말하기를 "임금께 충성하고 백성을 사랑하는 뜻이 말의 밖으로 넘쳐 흐른다."고 하시고, 또 "후직이 하였던 일을 지금 다시 볼 수 있다."고 하였다. 송은松隱 김광수金光粹·회당悔堂 신원록申元祿·금계錦溪 황준량黃俊良·갈천葛川 임훈林薰, 사간司諫 최경홍崔景洪, 현감縣監 민세정閔世貞이 혹은 "우리나라 후직의 사업이다."라고 하였고, 또 "한 세상을 구제하는 뜻이 마을과 서숙의 규약에서 보인다."라고 하였으며, "순 임금, 우 임금 시절의 농업 스승이다."라고 하였고, "장차 나라에 쓰여서 농관農官이 되면 백성들이 다시 강구연월康衢煙月의 노래를 부를 것이다."고 하였으며, "학문을 숭상하고 농업을 다스리는 방법으로 만약 삼대三代의 시절에 태어났으면, 마땅히 후직의 사업을 수행하였을 것이다."라고 하였으니, 이는 그의 마음속에 쌓인 경륜과 큰 뜻이 구체적인 사업으로 이룩되었기 때문이다.

---

49) 관중부자(關中夫子) : 횡거 장재(張載)를 가리킨다.

50) 기자(箕子) : 은나라 마지막 임금인 주왕(紂王)의 숙부이다. 주왕에게 간(諫)하다가 받아들여지지 않자 일부러 미친 행동을 하여 유폐되었다. 나라가 멸망 당한 뒤에 유민(遺民)을 이끌고 주 나라를 벗어나 북쪽으로 이주하였다고 한다. 비간(比干), 미자(微子)와 함께 은나라의 삼인(三仁)이라 불린다. 일설(一說)에는 기자가 한반도로 옮겨와서 기자 조선을 세웠다고(기자동래설(箕子東來說)) 하나 오늘 날에는 사실과 거리가 먼 것으로 받아들여지고 있다.

숙약塾約이 완성된 후 더욱 스스로 학문에 정진하여 남들을 가르치는 방법과 일상적인 행동 및 언행에서 화합和合과 공경恭敬 두 가지를 지극히 하여 잠시도 올바름에서 떠나지[51] 않으며, 원근遠近에서도 믿고 따랐다. 묻는 대로 그것에 맞추어 대답하는데, 각각 그 취향에 따라 지당至當한 곳으로 귀착歸着되도록 하였다. 응교應敎 류순선柳順善이 편지에서 농업 스승이라고 칭찬하였고, 또 학문이 깊다고 일컬으면서 불피설不諱說을 묻는 데까지 이르렀다. 공은 불피설에 대해 주자朱子께서 채중묵蔡仲默에게 대답한 편지와 김인산金仁山, 호씨胡氏 가록家錄 등 여러 학설로서 답하였다. 이광준李光俊 사군使君께서 『중용』의 '중화中和를 이루면 천지가 제 자리를 잡고 만물이 육성育成된다'는 것에 대하여 물으니, 공이 "중화를 이룬다는 것도 하나의 성誠이다. 이미 성誠이 없으면 사물도 없는 것이니, 천지가 제 자리를 잡을 수도 없고 만물이 생육될 수도 없다."고 하셨다. 홍경승洪慶承 군이 양성養性에 대해 물으니, 공이 "하늘이 사람에게 내려준 것이며 사람이 하늘로부터 받은 것이 성性이다. 하늘이 성품을 내려준 처음에는 선善하지 않은 것은 있지 않았다. 그래서 성인聖人도 이 성품을 받았고, 어리석은 사람도 이 성품을 받았다. 다만 타고난 기질氣質이 혹시 선하지 않은 경우가 있지만 성품이 본래 선하다는 것에 해를 끼치지 않는다. 비록 본래 성품이 선하다 해도 성찰省察하고 교유矯揉하는 노력을 조금도 게을리 해서는 안 된다. 진실로 자신이 솔선하여 건순健順의 덕을 다하여, 외물이 그 사이를 가리는 일이 없도록 한다면 아마도 자신의 양성良性을 잃지 않고 천명天命을 본연대로 온전히 할 수 있을 것이다."라고 하였다.

전삼성全三省 군君이 존심存心(마음을 보존하는 것)에 관하여 물으니, 공은 "마음은 내 몸을 주관하고 모든 변화를 관리하는 것이다. 모든 이치를 갖추고 있으며, 신령스러워 어둡지 않고, 체體와 용用을 갖추어 신묘함을 측량할 수 없으니, 사람들이 진실로 붙잡으면 마음이 어찌 보존되지 않겠으며, 사람들이 놓아버리면 마음이 어찌 없어지지 않을 수 있겠는가. 정자程子께서 말씀하신 바 '성현의 수많은 말씀은 다만 사람들이 이미 놓아버린 마음을

---

51) 올바름에서 떠나지 : 원문에는 "不雜於正"으로 되어 있으나, "不離於正"의 착오로 보고 번역하였다. 『논어(論語)』「향당(鄕黨)」 주석에 "造次不離於正也"의 용례가 있다.

돌이켜 몸속으로 들어오게 하려는 것'이다."라 하시고 드디어 『존양록存養錄』 한 권을 저술하였다. 또 「좌우명座右銘」을 지었으니, 이는 이치를 궁구하여 도道에 나아가는 것을 순수하게 하여 밝고 넓은 데로 올라가려 한 것이다.

아, 슬프다! 공은 마음 씀씀이가 지극히 진실하여 장자張子께서 품었던 뜻을 자기 뜻으로 하고, 후직이 하였던 사업을 자기 사업으로 하여, 배운 것·행한 것·일한 것·가르친 것이 임금을 도와 다스림을 흥왕케 하여 우리 임금을 순舜 임금과 우禹 임금 같이 훌륭하게 하려는 것 아님이 없었다. 그러나 구고九皐의 하늘은 멀고 학鶴의 울음소리가 늦게 들려 조정이 크게 쓰려는 마음을 가지려 하자, 하늘이 수명壽命을 빌려주지 않으시니 어째서인가? 공은 처음에는 일찍이 스스로 호를 지어 성재誠齋라 하였고, 중간에는 면와勉窩라 하였고, 다시 돌이켜 사는 곳이 학미산 아래 냇가인 까닭으로 학천鶴川이라 하였는데, 대개 자기가 한 일을 외부로 표방標榜(선행을 기록하여 드러냄)하지 않으려 한 것 때문이다.

공은 영천 이씨永川李氏 진사進士 세헌世憲의 따님에게 장가드셨는데, 그녀는 아름답고 국량局量이 있어서 덕으로 어울린다는 칭송을 받았다. 공보다 3년 먼저 출생하고, 공보다 12년 뒤에 별세하여 공의 묘 왼편에 부장附葬되었다. 세 아들을 낳았는데, 맏아들 광춘光春은 사복시 정司僕寺正이며, 다음 응춘應春은 의금부 도사義禁府都事이고, 그 다음 영춘榮春은 판사判事이다. 공이 별세한 지 어느덧 15년이 흘렀는데, 장춘長春 씨도 70노인이 되었다. 공의 덕과 의리의 심오深奧함, 그리고 심법心法의 은미隱微함이 혹시 없어져 후세에 전해지지 않을까 염려하여 나 국형國馨에게 편지로 부탁하며 말하기를, "묘지墓誌는 상사上舍 이산악李山岳[52] 이 이미 찬술撰述한 바 있으나, 막내아들 영춘이 기록한 유사遺事는 글귀가 산만하고 순서가 없어서, 아직 하나로 통할 수 있을 만큼 찬성纂成하지 못하였습니다. 당신은 그 점을 생각하여 주시오."라고 하였다.

---

52) 이산악(李山岳) : 본관은 광주(廣州)이며, 호는 목당(牧堂)으로 민세정(閔世貞)의 외손자이다. 이광준의 아들인 이민환(李民寏)의 장인(丈人)이다.

생각하건대, 나 국형은 못난 사람으로 공의 숙질叔姪로부터 지우知遇(서로 알아줌)를 입은 지 오래되었다. 공의 거실 벽에 붙여 놓은 '성誠으로 만물을 이루고, 경敬으로 모든 사악邪惡함을 막는다.[誠遂萬物 敬閒億邪]'라는 여덟 글자를 볼 때마다 공의 학문은 한결같이 성과 경이라는 것을 알게 되었고, 치평治平과 경제經濟의 방책을 의론한 것으로 보아 공의 도道는 성과 경에 뿌리를 둔 것을 알 수 있다. 지금 이상李庠[53]의 묘지명墓誌銘을 보니, 학자들이 사사로이 일컬은 바에 따라 일컫기를 '문의선생文義先生'이라 하였으니, 이는 옛날의 향鄕선생을 말하는 것인데, 그 고향의 인물이 죽을 때 사사로이 시호諡號로 삼아 존숭하여 나라의 정령政令을 대신하는 것이다. 이는 도정절陶靖節[54]·왕문중王文中[55]·서절효徐節孝[56] 같은 부류로서, 어떤 경우에는 포의布衣의 권세權勢 중의 하나이기도 한 것이다. 이에 사양하지 못하고 삼가 처음부터 끝까지 대략을 순서대로 기록하여, 지혜와 덕이 있는 사람이 헤아려 채택하기를 기다린다.

위의 글은 고故 학천선생鶴川先生 속함速咸 박공朴公의 행장行狀인데, 나의 돌아가신 아버지께서 편찬하신 것이다. 공의 증손曾孫 종민宗敏이 갓 젊은 나이에 산 넘고 물 건너 천리 길을 와서 눈물을 줄줄 흘리며 "저의 집이 임진년壬辰年과 정유년丁酉年의 병화兵禍를 당하여 증조부의 남긴 글과 실천한 자취가 모두 없어져 남은 것이 없습니다. 선先 판서공判書公께서

---

53) 이상(李庠) : 상(庠)은 학교라는 뜻이지만 스승의 뜻도 있다. 여기서는 이산악을 지칭한다.

54) 도정절(陶靖節) : 도잠(陶潛, 365~427)을 말한다. 중국 동진의 시인(詩人)이다. 자는 연명(淵明), 호는 오류선생(五柳先生), 시호는 정절(靖節)이다. 팽택(彭澤)의 영(令)이 되었던 적이 있으나 80일 만에 『귀거래사(歸去來辭)』를 읊으며, 벼슬을 떠나 전원생활로 지냈다. 문 앞에 다섯 버드나무를 심고 오류선생이라고 자호(自號)하였다. 저서로 『도연명집(陶淵明集)』·『오류선생전(五柳先生傳)』·『도화원기(桃花源記)』 등이 전한다.

55) 왕문중(王文中) : 왕통(王通, 584~617)을 말한다. 자는 중엄(仲淹)이고, 사시(私諡)가 문중자(文中子)이다. 수(隋)나라 때의 유명한 학자이자 교육자였다. 문하에 수천 명의 학생이 있었으며, 방현령·두여회·위징 같은 당나라 창업공신들도 포함되어 있었다. 「등왕각서(滕王閣序)」로 유명한 왕발(王勃)의 조부이다.

56) 서절효(徐節孝) : 서적(徐積)을 말한다. 자 중거(仲車)이고, 시호 절효처사(節孝處士)이다. 북송(北宋) 철종(哲宗) 때의 초주(楚州) 교수(敎授)였다. 지극한 효자로 알려졌다.

편찬한 행장行狀의 정본正本도 또한 지켜내지 못하였습니다. 이것은 이 보잘 것 없는 자손에게는 천지에 다시없는 고통입니다. 대감[台監][57] 댁에 혹시 초본草本이 남아 있지 않습니까?" 라고 말하였다. 나는 그 정성을 애처롭게 여겨 어지럽게 흩어져 있는 책 가운데서 공의 글을 찾아내어, 삼가 손수 한 본을 베껴 들려 보냈다. 그 분의 훌륭한 언행과 덕업德業은 행장 가운데 골고루 잘 실려 있어서 감히 다시 여기에 췌언贅言을 하지 않는다.

자헌대부資憲大夫 원임형조 판서原任刑曹判書 겸 지의금부사兼知義禁府事
오위도총부 도총관五衛都摠府都摠管 파평坡平 윤의립尹義立[58]은 삼가 쓰다.

묘지명墓誌銘 서문을 아울러 붙임[并序]

공公의 휘諱는 승承이고, 자字는 찬지纘之, 호號는 학천鶴川이며, 성姓은 박씨朴氏이다. 함양咸陽을 관향貫鄕으로 삼은 것은 신라왕新羅王의 제삼자第三子가 속함速咸을 봉지封地로 받았으니, 지금의 함양이기 때문이다. 고려高麗 때, 휘 선善이라는 분이 문과文科에 급제하여 예부상서禮部尙書와 추밀원사樞密院事를 지냈으며, 사세四世를 거쳐 휘 신유臣蕤가 문과에 급제하여 판이부 상서判吏部尙書와 추밀원사를 지냈고 또 도적을 토벌한 공으로 응천군凝川君에 훈봉勳封되었다. 아들 휘 지량之亮은 문과에 급제하여 금자광록대부金紫光祿大夫 판삼사사判三司事를 역임하고, 왜적倭賊을 토벌한 공으로 왕이 금패인金牌印을 내렸으며 함양군에 봉해졌다. 또 지원至元 연간에 공이 있어 천자가 금부金符를 하사하였으며, 만부장萬夫將에 제수되었다.

오세五世를 내려와서 휘 성양成陽은 호가 금은琴隱으로 포은圃隱 정몽주鄭夢周의 문인이었다. 우리 태조대왕太祖大王께서 공의 재주가 문무에 온전하다고 여겨 특별히 불러 원수로 삼았는

---

57) 대감(台監) : 아경(亞卿, 종2품) 이상 관리나 높은 사람에 대한 호칭이며, 편지에서 대감(大監) 대신 쓰기도 한다.
58) 윤의립(尹義立, 1568~1643) : 자는 지중(止中), 호는 월담(月潭)이며, 본관 파평이다. 후에 의립(毅立)으로 개명하였다. 윤국형의 아들로서, 관찰사·형조 및 예조 판서·좌참찬을 역임하였다. 문인화가(文人畵家)였다.

데, 여러 번 전쟁에서 공훈을 세워 동서東西의 청직淸職에 두루 올랐고 명성을 조정 안팎에 떨쳤으며, 관직官職은 이조 참판吏曹參判에 이르렀다. 이 분이 휘 충무沖武를 낳았는데, 그는 강계 판관江界判官으로 동쪽으로 북쪽으로 정벌하여 모두 승리를 보고하니, 원종훈原從勳에 녹선錄選되었다. 이 분들이 공에게는 고조高祖와 증조曾祖가 된다. 조부祖父는 휘가 유부有阜로서 문과에 급제하였고 사직司直에 제수되었으니, 세상에서 일컬은 바 문소팔부聞韶八阜(팔형제) 가운데 맏이였다.

공의 아버지는 휘가 경신景信이고, 호는 빙암氷巖이며, 관직은 참봉參奉이었다. 종매부從妹夫인 회재晦齋 이언적李彦迪과 도의道義로서 사귀었다. 어머니는 동래 정씨東萊鄭氏로 감찰監察 기琦의 따님이다. 정덕正德 경진년庚辰年 2월 12일에 공은 가음佳音 토현리土峴里 집에서 출생하였다. 어머니의 꿈에 한 훤칠한 부인이 약수藥水 한 순갈을 주면서 "이것을 마시라."고 하였는데, 받아 마시자 온 몸에 향기가 가득해지며 임신이 되었다. 이날에 이르러 아버지의 꿈에 한 훤칠한 대인大人이 수레를 멈추고 "나는 세상에서 말하는 후직后稷인데, 네가 지극한 덕이 있다고 들은 지 오래되었다. 지금 비로소 와서 찾아본다."라고 하였는데, 조금 있다가 공이 출생하였다.

어려서부터 헌출하여 거인巨人의 뜻을 가진 듯하고 씨앗 심기를 좋아하였다. 날마다 집 뒷산 평평한 언덕에 올라가, 땅에 줄을 그어 집과 밭으로 삼았다. 그리고 아이 한 사람에게 집 하나와 밭 하나를 주고 자기도 집 하나와 밭 하나를 가졌다. 여러 아이들을 시켜 힘을 모아 나무를 캐어 오도록 하여 집으로 잡아 놓은 곳에 빙 둘러 심도록 하였으며, 모실茅實을 따서 곡식 종자로 대신 삼아 밭으로 잡아 놓은 곳에 갈고 심게 하였다. 차례대로 나누어 주어서 각자 맡은 집과 밭에 심도록 하였는데, 법도가 훌륭하였다. 학교에 가서는 선생님을 번거롭게 하지 않고도 뜻풀이가 매우 정밀하니 아버지께서 매우 사랑하였고, 향리鄕里에서는 모두 신동神童이라고 하였다.

12~13세 때, 이미 『효경孝經』·『논어論語』에 통하였고, 맹자孟子 정철법井徹法의 뜻과 『상서尙書』의 일년 삼백도수三百度數를 풀이할 수 있었다. 장성한 뒤에는 부모를 섬기고 형을 받듦에 더욱 사랑하고 공경하니 효도와 우애를 잘 융합시켰다. 아버지가 병이 들어 심히 위급한 적이 있었는데, 공이 대변을 맛보아 병의 증세를 알았다. 그리고는, 하늘에 기도하여 마침내 아버지를 소생하도록 하니, 사람들은 효성이 하늘을 감동시켜 이루어진 것이라고 여겼다.

약관弱冠의 나이에 아버지의 명으로 분가分家하여 조문[召文]의 학미동鶴尾洞으로 이사하였다. 이보다 앞서 공의 종고조從高祖이신 함양군사咸陽郡事 휘 정精께서 이 마을에 벌써 집을 짓고 살았고, 그 손자 참봉參奉 휘 경장景章이 늙도록 자식이 없었는데 공이 부모처럼 섬겼다. 돌아가시니 빈례殯禮와 장례葬禮에 예를 다 갖추어 유감이 없도록 하였다.

이후 아버지와 어머니의 상喪을 당했을 때는 장례 전에 빈청殯廳의 문밖에 나가지 않았고, 삼우제三虞祭 때까지 슬퍼함이 지극하였다. 부장附葬한 뒤, 혹시 사가私家에 왕래할 때는 거리가 비록 약 20리 정도 멀지만, 조석으로 올리는 곡哭과 상식上食에 하루라도 빠진 것이 없었다. 달마다 여섯 번 무덤에 올라가 곡을 하였는데, 비록 눈비가 오더라도 폐하지 않았다. 소식素食을 하면서 삼년을 끝내니, 백형·중형 등 여러 공들께서 더욱 공을 귀중히 여기셨다.

일찍이 학문하다가 틈이 나면 마을 사람들에게 농사법을 가르쳤고, 또 마을 오른편 구고九皐 위에 서숙書塾을 세우고 편액扁額을 걸어 '구고서숙九皐書塾'이라 하였다. 그 지방 대소 인민을 모이게 하여 숙약塾約과 동약洞約을 의론하고 설정하였는데, 규례는 한결같이 안정安定 호공胡公의 호학湖學과 남전 여씨藍田呂氏의 향약鄕約을 따르면서도 시대에 맞게 제정하여 『약서증산約書增刪』 한 권을 펴내었다. 자신이 솔선하여 약속한 조문條文을 엄히 준수하여 풍속이 교화되도록 하였다. 5일마다 정식定式을 삼아 공이 강講을 듣고 상벌賞罰을 내렸다. 배우고 싶으나 부모를 여의고 빈궁하여 의탁할 곳 없는 사람은 서숙의 재물로 입히고 먹여 부지런히 공부하게 하니, 나중에는 서숙에서 감당할 수 없을 지경이었으며 또 그 문하에서 재주와 덕망이 있는 선비들이 많이 배출되었다.

경오년庚午年에 수의繡衣 사또의 천거로 후릉 참봉厚陵參奉에 제수되었으나, 취임하지 않았다. 일찍이 신인神人에게서 벼 씨앗을 얻어, 처음에는 마을 앞 논에 시험 재배하였다. 그리고 그 씨앗을 심어 씨앗을 생산하니, 3~4년 안에 사방에 널리 무성하게 되어 백성들을 크게 이롭게 하였다. 당시 사람들이 그 벼를 '정금조正金租'라고 불렀으니, 신인이 스스로 구월산九月山 속 정금동正金洞에서 왔다고 하였기 때문에 그 이름으로 삼은 것이다. 또 그 처음 심은 땅을 '여대稆垈'라고 하였다.

갑술년甲戌年 정금조 삼백 섬을 바쳐 국고國庫에 보충하고, 병자년丙子年에 또 오백 섬을 바쳐 국고를 보충하였다. 이보다 앞서 춘궁기를 당할 때마다 서숙의 창고를 열어 규약

안에 들어있는 빈궁한 집을 진휼하고, 또 그 나머지를 곡식을 베풀어 원근에서 가난하여 찾아오는 사람을 진휼하였다. 또 흉년이 들면 죽을 끓여 떠돌이 거지들을 먹여서, 온전히 살게 해준 사람이 매우 많았다. 임금께서 이를 어여삐 여겨 병자년에 곡식을 바친 후에 곧 수의부위修義副尉의 품계에 올려 주셨다.

정축년丁丑年에 병으로 20여 일을 누워 계시다가 스스로 일어날 수 없음을 알고, 조카 장춘長春을 불러 이르기를 "나는 남쪽 여러 마을에 조적糶糴이 불편한 것을 처리하려고 대략 경영하였으나, 아직 이루지 못하였다. 너의 역량과 지략은 내가 따라갈 수 없는 정도이다. 너는 내 마음을 너의 마음으로 삼아, 서숙의 재물을 써서 빨리 도모하라."고 하였다. 말을 끝내고 편안히 돌아가셨으니, 곧 8월 2일이었다. 원근의 사람들이 달려와 곡을 하면서 모두 "밝은 스승이 돌아가셨다.", "활불活佛이 돌아가셨다."라고 하였다. 그 해 10월에 집 뒤 학미산鶴嵋山의 유좌酉坐 언덕에 장사하였는데, 장송자葬送者가 수백인이었다.

아! 공은 후직后稷의 후신으로 경륜이 뱃속에 가득하여, 겨우 말과 걸음을 배울 때부터 문득 후직이 했던 일을 하였다. 아버지와 스승에게 배울 때에는 효孝·우友·목睦·인婣·임任·휼恤의 육행六行의 도리를 행하였고, 마음을 보존하고 성性을 기르는 것과 수신修身·제가齊家·치국治國·평천하平天下의 학문을 실천하였다. 서숙을 설립하고 규약을 세우는 것과 한 지방을 가르쳐 다스리는 재주는 주周나라와 송宋나라를 모방하였으며, 또 훌륭한 곡식의 종자를 얻어 사방으로 전파하여 백성들에게 이로움이 되게 하였다. 또 그 일로 나라를 돕고 그것으로써 여러 사람들을 구제하였으니, 경박하고 나약한 무리들이 할 수 있는 것이 아니었다. 이것으로 보아 공의 재주와 덕망과 지혜와 인자함이 밝고 슬기로웠다.

세상에 나가서 때맞추어 쓰임을 받았으면 우리 임금을 요순堯舜같은 임금으로 만들고 후직의 유업遺業을 우리 반도 나라에서 다시 일으킬 수 있었으련만, 운명이 원수와 공모共謀하여 먼 시골에 숨어사는데다, 수명도 갑자기 재촉하여 하던 사업을 끝마치지 못하고, 마침내 미미한 자급資級에 볼품없이 돌아가시니, 그 어찌 애석하지 않은가? 비록 그러하나 젊어서부터 이미 여러 번 회재晦齋 이 선생李先生의 추장推奬을 입었고, 앙재盎齋 최 상국崔相國께서도 크게 쓰일 재목이라고 여겼다. 그리고 공이 저술한 것으로는 『약서증산約書增删』·『육행신편六行新編』·『정책찬요政策纂要』·『농가요람農家要覽』·『사례략四禮略』·「존양록存養錄」·「자경문自警文」·'잠箴'·'명銘'이 여러 권이 있어서 백세의 사범師範이 되기에 넉넉하다. 후세의 학자들이 향선생鄕先生으로 존숭하는 의기義起[59]를 하여, 사祉를 세워 제사를 지내고 있구나.

공은 영천 이씨永川李氏 진사進士 세헌世憲의 따님에게 장가드셔서 세 아들을 길렀으니, 맏이는 광춘光春이며, 둘째는 응춘應春이며, 막내는 영춘榮春이다. 영춘씨가 공이 남긴 상자 속의 글들과 가향家鄕의 여러 어진 문생門生들 및 조카들이 각자 간략하게 기록한 공의 언행·뜻을 둔 일·덕업德業에 관한 것을 꺼내어 나에게 보여주면서 "세상에 우리 선인先人을 아는 사람이 많지 않았다고 말할 수 없지만, 가장 깊이 아는 사람은 당신 같은 이가 없습니다. 바라건대 산소로 가는 길에 한 말씀 아끼지 말아 주십시오."라고 말하였다. 아, 슬프다! 나는 못난 사람으로 친척의 말석에 속해 있는데도 언제나 가까이에서 가르침을 받는 자리에 모시고 있었다. 어렵고 의심나는 곳을 질문한 것이 어제 일 같은데, 갑자기 묘지명墓誌銘을 쓰는구나.

다음과 같이 명銘한다.

박씨는 신라로부터 비롯되었으니	朴肇于羅
신성한 어른이 계속 일어났으며	神聖繼作
여덟 공자 때에 이르러	逮八公子
봉지를 받아 호적이 나뉘어졌네	受封分籍
후대로 내려와 고려 왕조로부터	降自王麗
우리나라에까지 이르러	及于我國
함양 박씨의 세계世系는	惟咸之系
끊이지 않고 훌륭하고 성대하게 이어져	延綿奕爽
금은琴隱께서는 영매한 공을 세우셨고	琴翁英績
빙암공氷巖公께서는 지극한 덕을 쌓으셨네	氷翁至德
이러한 가문에 공께서 태어나신 것은	是家公生
실로 하늘이 내려 주신 것이네	實惟天錫
처음 잉태되었을 때	胚胎之始

59) 의기(義起) : 기존 예법에는 없으나, 정황에 따라 적절하다고 여기는 것을 말한다.

꿈에 후직后稷이 감응하였네　夢感后稷
어릴 때의 농사짓고 집 짓는 놀이가　幼戲田屋
곧 법칙을 이루었네　便成法則
일찍부터 경륜을 품었고　夙抱經綸
배움에 나아가서는 더욱 독실하게 하여　就學益篤
가정에서는 시詩와 예禮를 좇아 배우고　庭趨詩禮
들에서는 농사법을 가르치기를　野敎稼穡
쉬지 않고 진실하게 하시어　慥慥不息
깊숙이 궁극적인 데까지 뚫어 나갔네　透詣奧極
어버이가 병들었을 때는 하늘에 기도하였고　親病祈天
어버이가 돌아가셨을 때는 피눈물을 흘렸네　親沒泣血
형제 사이에 우애하고 친척 사이에 화목하며　于友于睦
외척과는 화목하며 빈곤한 자를 구휼하였네　乃婣乃恤
구고九皐에 서숙을 세우고　設塾九皐
서숙에 규약을 세우니　立約於塾
백성들은 따르기를 싫어하지 않았으며　民不厭率
선비들은 배움을 싫어하지 않았네　士不厭學
잘못한 자를 규제하고 어려움을 당한 자는 구휼하며　規過恤難
착한 사람은 상을 주고 악한 사람은 벌을 주며　賞善罰惡
가난하고 곤궁한 사람에게는 힘이 되어 살아가게 하고　貧窮賴活
부모나 형제가 없는 사람은 의지처가 있게 하니　孤惸有托
노魯나라 송宋나라의 남긴 풍속이며　魯宋遺風
저 삼고三古 시절의 순후한 풍속이네　三古淳俗
신인神人이 와서 도와　神人來助
훌륭한 종자를 또 얻으니　嘉種又得
여대稆垈의 들녘에　稆垈之野
정금正金 벼가 쑥쑥 자라네　正金穖穖
그것을 가지고 나라에 바치니　以之納國
그 수가 팔백 섬이었네　八百其斛
이에 임금께서 훌륭하다 하시고　王若曰嘉
초야에 잘 도와줄 사람이 있다 하시고　野有良弼
장차 크게 쓰려 하시고　將欲大用
먼저 작은 자급資級을 내렸으나　先加微秩
하늘은 어찌 수명을 아껴　天胡嗇壽

임금이 부르는데 나가지 못하게 하나	有徵未出
선비들은 들보가 꺾였다고 애통해 하고	士痛摧梁
백성들은 그림 속의 부처를 잃었다고 하네	民失畵佛
그러나 공께서 교화하여 내린 비는	然公化雨
한 지역에서 그치지는 않으리	不沫一域
사람들은 우리 공을 말하기를	人謂我公
후직의 사업을 계승하였다 하지만	后稷業績
나는 우리 공을 말하되	我謂我公
후직의 정령精靈이라고 하네	后稷之精
옛날에 후직이 없었더라면	古無后稷
백성들은 밭갈 줄도 몰랐으려니와	民不知耕
지금 우리 공께서 없었으면	今無我公
정금벼가 생겨나지 않았으리라	稆不生成
남긴 글은 광주리에 가득 차 있어	遺文盈筐
백세의 법도가 되었네	百世爲程
그의 도道는 예禮와 의義이며	其道禮義
그의 학문은 치국治國 평천하平天下라	其學治平
학자들이 사사로이 시호諡號를 짓기를	學者私諡
문의선생文義先生이라 하네	文義先生
사社를 세워 제사하며 높이 보답하니	祭社崇報
예禮에 올바르다	於禮則貞
학미산鶴嵋山에	鶴嵋之山
무덤이 우뚝하네	有屹封塋
나는 무덤 길에 명銘을 써서	我銘于隧
공변公辨된 논평을 기다린다	以竢公評

만력萬曆 16년 무자년戊子年 중양重陽에 척예戚裔인
진사進士 광주廣州 이산악李山岳이 삼가 짓다.

아, 슬프다! 이것은 나의 할아버지 학천부군鶴川府君의 묘지墓誌인데, 목당牧堂 이산악李山岳 공이 지으신 것이다. 부군은 회재晦齋 이 선생李先生의 문도門徒인데, 묘지墓誌에서는 이점을 중요하게 다루지 않았다. 아니면 부군께서 초년에 어렵거나 의심나는 곳에 대해 질문한 수가 비록 적지 않았으나, 회옹晦翁께서 유배流配 당한 뒤로는 조석朝夕으로 모시고 강마講磨할 겨를이 없었기 때문일 것이다. 회옹께서 돌아가심에 부군께서 전문奠文을 올린 적도 있는데, 왜란倭亂을 겪은 뒤에 두 집안에서 모두 실전失傳되어 본래 어떠하였는지 알아볼 길이 없게 되었다. 또 이공李公께서 묘지를 기초하던 날에 불초한 나는 어렸고, 또 사리에 어두워서 감히 물어보지 못하였다. 묘지가 완성된 뒤에 몇 달 되지 않아 공이 갑자기 돌아가시니, 불초의 무궁한 한이 지금까지 육십 여 년이 흘렀다. 나도 죽음이 조만간 닥쳐올 것 같아 이에 감히 참람僭濫함을 헤아리지 않고, 이 한스러움을 기록하여 내세에 상론尙論(고인의 인품, 언행을 논함)하는 사람이 어떻게 말하는지 기다리고자 한다.

불초不肖한 손자 혼천混天은 삼가 기록한다.

별묘봉안문別廟奉安文　　이의태 근인당[李宜泰近仁堂]

공손히 생각건대 선조 영령을	恭惟先靈
이 산등성이에 맡겨 두고	托在玆岡
소나무 가래나무를 그리워하며 지내온 지[60]	寓慕松楸
이백 여년이나 되었네	餘二百霜
대수代數로는 비록 조매祧埋[61] 할 때가 되었으나	代雖及祧
예는 사당祠堂에 오르는 것이 합당한데	禮宜躋堂
사업과 힘이 미치지 못하여	事力不逮
임시로 신주神主를 외랑外廊(바깥 복도)에 모셨네	權安外廊
천관薦灌[62] 하려고 일어나 구부리니	薦灌興俯
정문情文[63] 이 아직 선양되지 않아	情文未揚

---

60) 소나무……내온 지 : 송추(松楸)는 소나무와 가래나무로서 무덤 주변에 심는 나무의 통칭이며, 곧 무덤이라는 뜻이다.

61) 조매(祧埋) : 신주(神主)를 땅에 묻는 것을 말한다.

62) 천관(薦灌) : 술을 땅에 붓는 것을 말한다.

우리 후예들에 있어서	在我後裔
어찌 상傷함이 없을손가	詎無盡傷
개연히 방책을 물어서	慨然詢謀
비로소 들보 수리를 경영하였는데	經始脩梁
그 땅은 망산邙山을 등 뒤에 두고	厥土背邙
그 방위는 남쪽을 향하였네	厥位面陽
가까이 가서 무덤을 조상해 보니	旁弔蓬科
고향 선산에 근접해 있네	近接桑鄉
일가 자손들이 모두 모여	子姓咸集
위치를 다시 잡고	位置更張
길일吉日을 골라서 조촐하게 천장遷葬하니	吉蠲遷安
날씨도 아주 좋구나	時日孔良
경건한 의식을 벌려 놓으니	縟儀載陳
감격하고 사모함이 더욱 커지네	感慕彌長
지금부터 비로소	其始自今
신리神理가 편안하리라	神理宜康

묘갈명墓碣銘　서문을 아울러 붙임[幷序]

학천선생鶴川先生 박공朴公의 의석衣舃[64]을 갈무리한 곳은 학미산鶴嵋山의 유좌酉坐 언덕이다. 12대 손 세환世煥이 비석의 면面이 마모되어 흐려지는 것을 근심하여 고쳐 세우려고 계획하던 중, 나에게 현시顯詩[65]를 청하였다. 나는 사양하였으나 허락을 얻지 못하여 삼가 유사遺事를 살펴서 이 글을 쓰는 바이다. 선생의 휘는 승承이요. 자는 찬지纘之이며 호는 학천鶴川이다. 박씨가 함양을 관향으로 삼은 것은 신라 왕자 속함대군速咸大君으로부터 시작되었으며, 대대로 훈작勳爵이 고려조에 드러났다.

---

63) 정문(情文) : 정리와 예법을 말한다.
64) 의석(衣舃) : 무덤을 말한다.
65) 현시(顯詩) : 묘도문(墓道文)을 말한다.

고조高祖의 휘는 성양成陽으로 우리 조선에 벼슬하여 이조 참판에 이르렀고, 시호謚號는 정헌定憲이다. 증조曾祖의 휘는 충무冲武로 판관判官 벼슬을 하였고, 원종훈原從勳에 녹선錄選되었다. 조부祖父의 휘는 유부有阜이며 사직司直 벼슬을 하였고, 고考의 휘는 경신景信으로 참봉參奉 벼슬을 하였으며 호號는 빙암氷巖이다. 비妣는 영인令人 동래 정씨東萊鄭氏로 감찰監察 기琦의 따님이다. 어질고 현숙하여 곤범壼範[66]이 있었다.

중종中宗 경진년庚辰年(1520, 중종15)에 빙암공氷巖公이 꿈에 후직后稷을 보고 나서 공을 낳았다. 어려서부터 큰 사람이 될 뜻을 지녔다. 무리를 지어 놀이할 때에 땅에 줄을 긋고 나누어 집도 만들고 밭도 만들었다. 공은 여러 아이들과 각각 한 구역씩 맡아서 밭을 일구고는 하였는데, 질서정연하여 조리條理와 두서頭緖가 있었으니 보는 사람마다 기이하게 여겼다. 장성하여 서당에 나아갔을 때에도 이치를 따져서 탐구하는데 뛰어났다. 성동成童[67]이 되기 전에 경전經傳에 통하였으니 일년 삼백도수三百度數·정전제井田制·의방醫方·산술算術·병마兵馬·행진行陣의 방법 같은 것을 두루 통하여 자세하게 풀이하지 않은 것이 없었다. 회재晦齋 이 선생李先生과 앙재盎齋 최 상공崔相公께서 모두 경세經世의 그릇으로 기대하여 허여許與하였다.

공의 지극한 효성孝誠은 천성天性으로 타고 나서 어버이를 섬김에 사랑과 공경을 다하였다. 아버지께서 아프실 때 설사한 대변을 맛보아 병이 심한지 덜한지를 징험徵驗하였으며, 단壇을 쌓아 백여 일 동안 하늘에 빌어 마침내 아버지의 병이 낫게 되었다. 뒤에 아버지의 상喪을 당하였을 때, 상제喪制 노릇을 심히 고되게 하여 한 달이 넘도록 마실 것을 입에 넣지 않았으며, 삼 년간이나 어육魚肉을 먹지 않았다. 백형伯兄과 중형仲兄을 아버지처럼 섬기되 편하고 기꺼운 마음으로 하였다.

일찍이 과거 공부를 하였으나 무익無益하다는 것을 알고 그만 두었으며, 늦게는 수의繡衣 사또의 천거로 재랑齋郞(참봉)에 임명되었으나 취임하지 않았다. 공은 수신修身·치가治家·육

66) 곤범(壼範) : 규중(閨中)의 법도(法度)를 말한다.
67) 성동(成童) : 열다섯 살 된 소년을 말한다.

영育英·제중濟衆의 사업에만 오로지 마음을 쏟았으며, 서숙書塾을 건립하고 향약鄕約을 제정하여 지방 사람들을 모아서 강학講學하고 권면勸勉하였다. 그 『약서증산約書增刪』·『육행신편六行新編』·「자훈字訓」·『예략禮略』·『존양록存養錄』·『농가요람農家要覽』·『정책찬요政策纂要』 같은 책은 모두 몸소 실천하고 마음으로 체득한 끝에 나온 것으로, 다른 사람들과 겸선兼善[68] 하려고 생각한 것이었다.

금계錦溪 황 선생黃先生께서 감탄하여 "내가 우리나라에서 옛 후직이 하였던 일을 다시 보는구나."라고 하였고, 회당悔堂 신공申公은 "박모가 경세하려는 뜻은 숙약에서 알 수 있다." 라고 하였으며, 민세정閔世貞 공은 "박 모가 농관農官을 맡게 되면 백성들이 다시 강구연월康衢煙月을 노래할 것이다."라고 말하였다.

일찍이 꿈에 한 신인神人이 와서 말하기를 "구월산九月山 정금동正金洞에서 왔다."고 하면서, 벼와 콩 각각 한 봉지를 주었다. 꿈에서 깨어난 뒤 과연 두 곡식을 가지고 오는 사람이 있었으므로 공이 사람들에게 권하여 파종播種하게 하였는데, 해마다 풍년이 들어 드디어 그 벼를 '정금正金'이라 이름을 붙였다. 서숙의 창고에 쌓아두고 서숙의 학생 가운데 가난한 자에게 나누어 주고, 나머지는 비축하였다가 굶주리는 해가 되면 구제救濟하는 용도로 썼다. 후에 벼 팔백 섬을 국고에 바치니, 임금께서 어여삐 여겨 수의부위修義副尉에 임명하고, 장차 크게 쓸 조짐이 보였다. 그러나 불행하게도 정축년丁丑年(1577, 선조10) 8월 2일에 별세하였다.

아! 공은 후직의 뜻이 있었으나 후직의 관위官位에 오르지 못하여, 한 세상을 하우夏虞[69] 의 성대함에 이르게 하지 못하였다. 그러나 천고千古에 지사志士들의 한恨을 일으키기에 자못 넉넉하구나. 공은 영천 이씨永川李氏에게 장가들었으니 우암牛巖 세헌世憲의 딸이다. 완숙婉淑하고 도량度量이 있어서 덕으로 어울리는 배필配匹이라 일컬었으며, 공의 무덤 왼쪽에

---

68) 겸선(兼善) : 나 혼자 만이 아니라, 다른 사람들도 감화시켜 선(善)하게 하는 것을 말한다. 『맹자(孟子)』 「진심(盡心)」에 "뜻이 막히면 홀로 몸을 선하게 하고, 뜻이 통달하면 천하를 겸하여 선하게 한다.[窮則獨善其身 達則兼善天下]"라 하였다.

69) 하우(夏虞) : 우 임금이 세운 나라가 하(夏)나라이며, 순 임금의 이름이 유우씨(有虞氏)로서 중국 고대의 태평시절을 말한다.

부장附葬하였다. 아들 셋을 낳았는데, 광춘光春은 사복시 정司僕寺正인데 호조 참판戶曹參判으로 증직贈職되었고, 응춘應春은 금부 도사禁府都事이며, 영춘榮春은 판사判事인데 호조 참의戶曹參議로 증직되었다. 맏아들인 참판은 아들 하나를 두었는데, 아들 혼천混天은 첨지중추부사僉知中樞府事이며, 사위는 최운기崔雲起이다. 둘째인 도사는 아들 둘인데 수洙와 익瀷이며, 사위는 박문함朴文涵·옥무점玉無玷·박천극朴天極이다. 셋째인 참의는 아들 일곱을 두었는데, 윤潤·첨정僉正인 옥沃·훈도訓導인 결潔·예빈시 부정禮賓寺副正인 현灦·제濟·형瀅·온溫이며, 사위는 황대수黃大壽·장내창張乃昌이다. 증손曾孫과 현손玄孫 이하는 기록하지 않는다.

다음과 같이 명銘한다.

경계經界를 바로잡고	正經界
학교를 일으키는 것은	興學校
횡거橫渠의 뜻이요	橫渠志也
경의재經義齋와	經義齋
치사재治事齋[70]는	治事齋
호주湖州의 서숙書塾이라	湖州塾也
아름답구나! 공의 학문은	懿公之學
그 뜻이 그들과 꼭 같구나	其揆一也
돌이켜 보면 시대가 순舜 임금 우禹 임금 때가 아니요	顧時非虞夏
후직后稷 같은 벼슬도 없는데	官無后稷
하늘은 무슨 마음으로	天何心
공을 숙세叔世[71]에 태어나게 하였나	降公于衰叔
문소聞韶의 들녘에	聞韶之野

---

70) 경의재 …… 치사재 : 중국 송 나라 학자 호원(胡瑗)이 호주(湖州) 교수로 있을 때, 경의재(經義齋)와 치사재(治事齋)를 설립하였다. 경의재에서는 육경(六經)을 학습하고 경전의 새로운 해석을 시도하는 등 이론에 주력하였고, 치사재에서는 실용의 학문을 습득하여 하나씩 전공을 하게 하여 무사(武事)·수리(水利)·역산(曆算) 등의 학문을 하게 하였다.

71) 숙세(叔世) : 쇠퇴(衰退)하여 끝나는 세상 즉 말세를 말한다.

정금正金의 벼가 무럭무럭 자라는데	正金穖穖
공의 덕행德行을 읊는 자라면	誦公德者
이 무덤을 길이 사모하지 않을 수 있겠는가	能不永慕此玄宅

영가후인永嘉后人 권상규權相圭는 삼가 글을 짓다.

묘갈개수고유문墓碣改竪告由文

삼가 부군을 생각하니	伏以府君
후직后稷의 큰 뜻을 품고	后稷巨志
유신有莘72)의 선각자였네	有莘先覺
어려서부터 씨앗 심기를 좋아하고	幼好種植
장년壯年에는 널리 베풀려고 하였네	壯欲施博
회재晦齋 어른께서 장려하고 권면하셨고	晦老奬勉
앙재盎齋 어른께서도 칭찬하여 존중했네	盎翁稱重
성실함으로 체體를 삼고	誠以爲體
공경함으로 용用을 삼았네	敬以爲用
서숙書塾을 설립하고 숙약塾約과 향약鄕約을 세우니	設塾立約
믿고 따르는 무리가 많았도다.	信從者衆
횡거橫渠의 뜻을 자기 뜻으로 하고	志橫渠志
안정 호공安定胡公의 가르침을 가르쳐서	敎安定敎
한 구역의 교화敎化를 도탑게 하니	敦化一域
그 효과가 찬란하네	有鬱其效
신인神人의 도움이 있어	神人有助
벼와 콩이 풍족하게 되어	稻菽穰溢
나라 창고에 바쳐 채우고	國廩獻充
마을 백성들을 구제하여 살리니	坊民賑活

72) 유신(有莘) : 중국 고대의 지명(地名)으로 지금 동주(同州) 하서현(河西縣) 부근이다. 상(商)의 탕왕(湯王)이 유신의 들에서 밭 갈고 있는 이윤(伊尹)을 등용하여 훗날 천하를 소유하였다.

임금께서 아름답게 여겨 상을 내려	王用嘉賞
품계品階를 주고 낭관郎官의 관직을 주시며	郎銜加秩
장차 크게 쓰리라 생각했더니	擬將大用
수명이 어찌 급하여	壽何遽焂
도를 품고도 펴지 못하였네	抱道未宣
세상에서 더욱 아까운 것은	爲世增惜
남긴 글이 난리 통에	遺文經亂
거의 없어지고 조금 밖에 남지 않아	存一失百
윤공尹公께서 지은 행장行狀과 이공李公께서 지은 묘지墓誌만	尹狀李誌
다행히 불타 없어짐을 면하였는데	幸脫燹酷
그 글에서 말하신 수많은 내용이	凡百云爲
한결같이 성誠과 경敬에서 나온 것이네	一出誠敬
마을 사람들이 사사로이 시호諡號를 짓기를	鄕人私諡
문의선생文義先生이라 하였네	文義先生
학미산鶴嵋山 남쪽 기슭에	鶴嵋之陽
무덤과 재실齋室이 분명하여	塋齋幷明
재실에는 별묘別廟가 있고	別廟于齋
무덤에는 정민貞珉[73]이 서 있으며	貞珉于塋
학수鶴水는 맑고	鶴水澄淸
학산鶴山은 높고 우뚝하네	鶴山崢嶸
삼백년이나 지나오면서	歲垂三百
별묘는 무너지고 비석碑石은 마모되어	廟毁珉泐
옛날 일을 말하려다 보니 탄식이 일어나고	尙論興吁
찾아오는 후손들 마음은 슬프고도 두렵구나	後裔愴惕
하물며 지금 세도世道는	況今世道
상전벽해桑田碧海로 바뀌니	桑田碧海
사당祠堂은 비록 잠시 권도權道로 행한다고 하지만	廟雖權行
비석은 어찌 새기지 않을 것인가	珉寧不勒
이에 족친들과 의론하여	玆謀于族

73) 정민(貞珉) : 단단하고 아름다운 돌로서 비석(碑石)이라는 뜻이다.

장인匠人들을 불러서 쪼아 다듬고　招工琢琢
명문銘文도 새것으로 하며　銘亦用新
무덤가의 나무에도 채색彩色을 더하였네　楸檟增色
일을 끝마치고 보니　事工旣竣
상로霜露[74]의 절기에 당하였구나　霜露節値
그 사유를 경건히 고하고　虔告厥由
겸하여 세사를 올립니다　兼修歲事
엎드려 삼가 생각하오니, 높으신 영령英靈께서는　伏惟尊靈
오래 오래 빙의憑依하소서　終古憑依
삼가 깨끗한 술과 여러 가지 음식을 가지고　謹以淸酌庶羞
감격하고 그리운 마음 공손히 펴 올리니　恭伸感慕
적지만 흠향 하시옵소서　尙饗

계미년癸未年(1943) 10월 경신삭庚申朔[75] 26일 을유일乙酉日에
12세 사손嗣孫 세환世煥은 삼가 글을 짓다.

발문[跋]

아! 우리 선조 학천부군鶴川府君은 후직后稷의 후신後身으로서 일찍부터 도道에 뜻을 두어 서숙書塾을 설립하고, 향약鄕約을 세우며, 학교를 일으키고, 농업을 일으켜 세상을 구제하고 백성을 편안케 하는 사업을 성취하셨다. 나라에서 바야흐로 크게 쓰려고 하여 겨우 소명召命이 내려오는데, 수명의 기한이 갑자기 박두하였다. 돌아가신 뒤 15년이 채 되지 않아서 임진왜란壬辰倭亂이 일어나 후세의 올바른 법이 될 수 있는 남긴 글과 실제 행적行蹟이 모조리 불에 타 없어졌다. 그 후, 혹은 그 당시 문하門下에 있었던 세가世家에서, 혹은 잘려 나가거나

74) 상로(霜露) : 서리가 내리는 시기를 말한다.
75) 경신삭(庚申朔) : 그 달의 초하루의 간지(干支)가 경신일(庚申日)이라는 뜻으로, 음력에서는 날짜의 간지를 알 수 있도록 그 초하루의 간지를 표기해 두는 것이다.

뭉그러진 고지古紙 속에서 찾아낸 것이 단지 시詩와 편지, 약간의 잠箴·명銘과 숙기塾記·숙절목塾節目·「자훈字訓」·「기몽記夢」·「예략 상편禮略上篇」·「재거만록齋居謾錄」 십여조十餘條와 아울러 부록附錄으로 「유사遺事」·「행장行狀」·「묘지墓誌」의 세 건件의 글이었다. 선조가 지은 『약서증산約書增刪』·『농가요람農家要覽』·『육행신편六行新編』·『정책찬요政策纂要』·『존양록存養錄』·「예략 하편禮略下篇」 등의 글은 아무리 돌아다녀도 찾을 수 없었으니 애석하기 짝이 없다. 그런데 이렇게 수습한 것도 범상凡常하여 보잘 것 없다고 여겨 내버려두고 간행하여 배포하지 않는다면 오늘과 같이 상전벽해桑田碧海로 크게 바뀌는 두려운 시대에 어찌 잘 지켜낼 수 있을지를 알 수 있겠는가?

이에 2권 1책으로 만들고, 아울러 개수改竪한 비석의 글을 붙였다. 그 글은 석판石版으로 인쇄한 것으로 비록 활판 인쇄처럼 완전하지는 않으나, 어쩌면 여러 대代에 걸쳐 미처 해내지 못하였던 한恨을 조금 풀 수는 있지 않겠는가? 이에 감히 참람僭濫함을 잊고, 간략하게 전말을 기록한다. 부군께서 수壽를 못하시고 도道마저도 나라에 크게 시행되지 못한 것은 천운天運이며, 남기신 자취를 거의 다 잃어버리고 겨우 조금 남은 것도 천운이며, 일고逸稿가 오늘에 와서야 비로소 출판되는 것도 천운이다. 하늘은 옛날에 끼쳤던 화禍를 뉘우쳐, 후세에 와서 감동하여 분발하는 것인가. 슬프다! 한숨만 나오는구나.

12세世 사손嗣孫 세환世煥은 삼가 글을 쓴다.

지識

이것은 나의 선조 학천선생鶴川先生 실적實蹟의 만분의 일이다. 슬프다! 하늘이 선생을 내시고 처음에는 무엇인가 해 내려는 듯하였으나, 끝내는 수명壽命을 허락하지 않았다. 도의道義와 덕업德業이 그 당시 세상에 널리 시행되지 못하였고, 또 얼마 안 되어 임진년壬辰年의 병화兵火를 만나 후세에 세상에서 법으로 삼을 만한 유문遺文과 지론至論이 깡그리 재가 되어 버렸으니, 그 후에 삼백 여 년간의 고생과 정성으로 찾아낸 것이 단지 이처럼 근소하다.

돌아가신 여러 어른들께서 항상 이처럼 근소한 것을 가슴 아파하여, 행여 또 더 찾아내는 행운이 있을까 기다리느라 오랫동안 출판出版을 정지시켜 왔었다. 지금에 이르러 세도世道는 긴긴 밤처럼 깜깜하여, 이처럼 근소하게 찾아낸 것도 보전하여 후세에 전하기 어렵게 되었다. 나의 아버지께서 이를 크게 걱정하여, 임종하실 때 종형宗兄 세환世煥씨에게 거듭 부탁하시고, 또 불초不肖한 나에게도 명하시기를 여기에 합력合力하라고 하셨다.

종형께서는 부탁을 받고 더욱 부지런히 움직여, 족제族弟 돈燉을 시켜 일족을 모아 금전을 갹출하여 비로소 출간하였다. 아! 늦었지만 선생의 도道가 장차 후세에 무궁토록 다시 밝아질 것이다. 출간한 뒤 더욱 선군의 유명遺命과 종형의 혈성血誠에 감격하여, 감히 책 끝에 한 말을 붙인다.

조선朝鮮 화엽력花葉曆[76] 정해년丁亥年(1947) 단오端午에
후손後孫 춘환春煥은 삼가 기록한다.

위의 글은 나의 선조 문의선생文義先生의 일고逸稿이다. 선생의 경륜과 사업은 곧 바로 옛날 후직과 그 도道에 있어서는 같았으나, 다만 후직과 같은 관위官位가 없었다. 이미

살아 계실 때 널리 베풀고 널리 구제할 수가 없었으며, 돌아가신 지 얼마 되지 않아서 임진년壬辰年과 계사년癸巳年의 큰 난리를 만나 장차 천하 후세에 법이 될 만한 여러 편의 글을 담아 남겨주신 상자를 병화兵火로 모두 잃어버렸다. 문하門下의 선대先代 부로父老들이 당시의 급문세가及門世家를 뒤져 찾아낸 것이 비록 태산의 한 오라기 싹에 지나지 않지만, 또한 '고기 한 점을 가지고도 솥 전체의 맛을 알 수 있다'는 격은 될 만하다.

종형 세환씨가 옛 서적을 손질하여 한통을 베끼고 부록과 합하여 2권 1책으로 만들었는데, 족숙族叔 수영씨秀榮氏로부터 그 임종시臨終時에 빨리 발간하라는 명을 받았다. 몇 년을 두고 경영하면서 그 분의 명을 따르려고 우리들을 매우 독려하였다. 나는 명을 듣고 근심하고 두려워 친족을 모아 계획하였는데, 족형族兄 노환魯煥씨와 족질族姪 재소在詔, 족손族孫 중석重錫과 함께 힘을 합하여 일을 수행하여, 열 달이 지나서 출간하게 되었다. 옛말에 '지극한 은택은 갑자기 쇠미해지지 않으며, 신묘한 글은 온전히 썩어 없어지지 않는다.'고 한 것이 진실로 이 경우이다. 대개 이 책이 수백 년이 지난 오늘 날에 비로소 인쇄되는 것은 진실로 종형宗兄의 독실한 혈성血誠 때문에 나온 것이므로, 이에 감히 간략하게 그 경과를 기록하여 무궁한 감회感懷를 붙인다.

정해년丁亥年(1947) 천중절天中節(단오)에
후손後孫 돈燉은 삼가 기록하다.

---

76) 화엽력(花葉曆) : 옛날 요(堯) 임금 시절에 명협(蓂莢)이라는 상서로운 풀이 나타났는데, 초하루 날부터 매일 콩깍지 하나씩 생겨서 보름이 되면 열다섯 개가 되고, 그 후에는 매일 하나씩 떨어져 월말이면 모두 떨어져 버리며, 작은 달(29일)이면 마지막 한 개는 떨어지지 않은 채 말라 버렸다고 한다. 사람들은 이 콩깍지가 생겨나고 떨어지는 것을 보고 날짜를 계산하였다고 하며, 명력(蓂曆) 또는 화엽력(花葉曆)이라고 부르게 되었다. 곧 태음력(太陰曆)을 말한다. 이 『유집(遺集)』이 발간되던 1947년은 우리나라가 일본 식민지에서 해방은 되었으나 아직 정부 수립은 되지 않았던 때여서 국호(國號)나 연호(年號) 같은 것이 없었다. 그리하여 지문(識文) 작성일을 표기할 때 이 용어를 사용한 것으로 보인다.

학천선생유집
鶴川先生遺集

색 인

색 인

가나다 순

(ㄱ)

(ㄴ)

(ㄷ)

(ㄹ)

(ㅁ)

(ㅂ)

(ㅅ)

(ㅇ)

(ㅈ)

(ㅊ)

(ㅌ)

(ㅍ)

(ㅎ)

학천선생유집
鶴川先生遺集

영인

目次

鶴川先生遺集 卷二

鶴川先生遺集序

昔子張子慨然有意三代之治。論治人先務。未始不以經界爲急。而學校次之。盖以非養無以爲命。非敎無以化俗也。苟擧而措之。庶復見先王之治。而竟有志未就而卒。實爲千古志士之恨。今讀鶴川先生朴公遺文。輒爲之掩卷太息也。公幼有異姿。遊嬉。好畫田種苗。長者以將興后稷之業期之。旣長。力學天人性命之奧。星曆地理醫方筭術兵陣之法。無不濬究曲解。慨然以爲士之爲學。不越乎修己治人。而修治之道。必資於厚生。厚生之本。亶在於務農。乃與一方

人士。建塾設約。相地課農。賞罰其善惡。勸懲其勤慢。行之有年。信從之徒。塾不能容。而言談擧止不問可知爲先生弟子。稟貯充溢。資學賑窮之餘。又足以上充國庫。苟能進用于 朝。任之以后稷司徒之職。則君民堯舜之盛。庶幾復見於東華。而黼薦之除。 袞褒之銜。終止於郎尉散僚。使彌綸一世之志。局之于閭比小塾。而大限隨而遽窮。有志未就之恨。奚獨於子張子爲然哉。公所著。有約書增删。六行新篇。農家要覽。政策纂要。存養錄等書。而幷災於壬燹。於乎。道之不行。固莫奈乎時。而格言至誇。幷不得嘉惠來學。又何也。尤爲之仰空一喟也。是集所載。只有詩書箴銘若干頁。塾記。塾節目。字訓。禮畧。齋居雜錄。殊恨其零星。然擧一羽而可以知全鳳之文。見隙照而可以測日月之光。君子仁義之言。不可以零瑣而小之。況其爲訓親切刺劄。足令人警省而開悟乎。後孫世煥氏懼其久而泯滅。將編彙而公傳。責相圭以卷端之語。顧晩生譾陋。不敢承膺。而竊有所感焉者。遂忘僭畧書其抱道未展之恨。而至其治心制行。孝友之篤。師友之廣。自有紀善諸篇。讀者自得之。玆不復贅說云。永嘉權相圭謹序。

鶴川先生遺集卷之一

詩

幽居

鶴下川之上。幽洩可我居。巷無車馬鬧。案有聖賢書。

田家

朝耕后稷野。暮和康衢謠。至樂在乎此。渾忘帝力昭。

卽事

陰伏陽方壯。看來都是春。滿山花木裏。紅綠摠眞天。

言志

雨霽風和日。憑欄讀魯書。沂雩千載後。人去春猶餘。

雪中梅

風雪滿天夜。牀梅數點新。那能將此藥。徧作萬方春。

詠松隱金丈 光粹 萬年松

萬年庭植萬年松。一色蒼蒼百雪冬。葉子枝孫麗不億。笑他紅紫片時穠。

處世

禍福安危摠在吾。吾心豈敢忽須臾。須臾莫測風波起。起起後防謀必萬無。

無題

人心危處道心微。秉燭須尋正路歸。美木牛山迴夜氣。生花麗易見天機。武夷奇處閒聽棹。沂水春風旣振衣。至理昭昭終有悟。靜中魚躍又鳶飛。

題氷山寺壁

山高谷邃石皆奇。二穴風氷箇裡奇。窗瀑雷鳴龍臥聽。巖松琴奏鶴來儀。卽今半島崇儒學。何昔靈區任佛祠。憶我先君同晦老。英年攜卷讀於斯。

贈別柳應敎 承善

春坊暇日賦南遊。喚起塵冗與共求。至意不忘先外黨。行車作伴地方侯。溪山勝處興逾逸。風月高樓歌未休。臨別惆然何以贈。君家世業孝忠修。

書

上晦齋李先生

加布後拜謁軒屛。已屬昨秋事。瞻望南雲。下懷悵慕。歲新益新。謹伏審辰下。燕申氣體。玩理愈旺。姑母閨壼酒食之暇。夾輔融洽。前冬山庄經燭之下。信從者幾人。而歲後又復團集講磨。足可有付授此緒者否。承奉親迎新。無慰悅之方。愧懼之私。倍於乞時。惟以寢膳之依昔。從叔候之無顯添爲幸耶。所謂課業三餘之續。只是尙書數卷。而上無明師之敎。傍無强輔之助。全未能用力於思辨上工夫。然其或有一二會

疑處則隨手劄錄且存三百度數閏月成歲之哀數年滾究遂解未悏茲敢不揆愚僭并錄而付納郞從兄回便詳細賜答伏望伏望耳餘伏祈爲時保重以幸斯文不備上書

上晦齋先生

昨膺 召之路歷枉窮鄕寔出於趙魏之辱誼而家君及從叔俱在患添中未克穩酬其立 朝處事之義小子輩亦未暇從容侍側講疑問難而赴 闕期迫旆發之後遽又歲改而春且暮矣遙望日下慕慮之私益倍切切於紫王山林家食之時也伏惟以來侍 殿講道盡忠輔佐 聖聰益開魚水契合掃盪奸凶使金敢死之後餘黨悉伏罪 朝廷淸肅使此半島江山復覩康衢煙月也耶承課學而學未知方向課農而農未遂實理徒費虛力於神農后稷之遺事而日月如流甚可憂懼未知何時得遂摳衣之願而從容於函丈之間承提耳之誨也惟父齋叔病八近稍効將俟其快復欲一聯駕西上講忠議義於 經幄進退之暇也然來日陰晴亦未可逆料者也姑母喪年淇行實不易事也而以其不可久曠本宅昨日回程從兄隨行而路長僕短駕馬亦玄黃遐慮

浮於別帳從兄未還之前自難釋慮也因掌令叔赴 召行畧此修候家父從叔兩書及姑母書同封付納幸并鑑領如何餘伏祝令體候衛道萬腴以副 朝野之望不備上書

上益齋崔相國 淑生

冠首己兩三年矣當一拜謁於床琴階鼓之下固敬上也敦倫也而京鄕落落穉子遠役父母之所不欲故尙未遂恍瞻望西雲慕鬱慊鄙有倍於未成人之時也伏惟登 朝講道以啓 聖聰精一存心置國於泰山之安退 朝居府養德保重姑母同德夾贊一府之中儼若 朝廷否顧小子年尙乳臭也何敢言 朝廷之事也但今國勢之治與不治惟在於大監進與不進之間而一國百姓之屬望若大旱之望雲霓竊伏想進亦退亦之憂日復日滾夜不暇安枕也區區伏慮徒切幼衷小子承湯候稍復大小各家尊少節別無顯故幸也而所謂卽以之業心役于耕播稼穡之事未克專一於此欲學后稷而不得其遺書常讀鄒書井徹之制而才淺識昧透與未能其何以將興穀阜民也敢將會疑諸處逐条劄錄付納從兄回時詳細回教大監所著作之中有敎民治農獎

士興學諸文字分付侍吏謄寫下送如何渴望之極自不覺僭越也餘伏冀爲國萬護以幸公私不備上書

答黃錦溪 俊良

旣枉皀蓋于犧嗇寂寞之區歡洛下十年之面今又專价遠訊伸之以朋友之誼此義何敢忘也備審旌節美赴政候萬相是旣協祝而但公外閒暇作何所樂也以其平日所受於師門者大致鄉士於鄕黌勸奬課業導迪禮義使一境之內敎化翕然則武城南康豈獨專美於古耶承隨分畝畎哺飽作息而歌詠

聖澤而已有何可觀於種植稼穡之間而來書稱以復見東壤后稷之業者大非君子立言之所可取題也更勿爾使世之譏承者幷譏令兄如何俯惠數種辭之不恭受之不安然不安猶愈於犯不恭之科耶禮尙往來而峽窮市遠無他可求者只以樊園所出之梨栗若干仰答其萬一其或不以物而以情領之否耶時可有還旆之暇也歷路更顧亦必在念矣

與申悔堂 元祿

別後歲改而春且半矣仰惟侍歡增慶玩理益新否承嘗所營建事旣有速圖之喩且讀者日增房室漸窘乃就曾所議占之九臯日昨始設役舉梁之日六偉之頌亦不可無矣而其責則環顧玆鄕非吾兄執事而更有誰哉幸惠以屬息無使臨時失望也前者對論人道心說今更息之心本一也而但其發也若此有所過不及則直當屬之人心惟無過不及而中節然後方可謂之道心矣此於兄意亦何如也如其未合更賜定論俾破此疑端如何

答崔司諫 景洪

間阻瞻悵際獲惠覆感在披翫而況謂承以渭陽之裔京鄕千里動煩致書遣意非常使承置諸濟世救

民之才而不欲已以令執事之達見高識獨於承也何其不明也愧不可讀何敢當何敢當第審此時臨朝視職侍 殿左右而體字萬腴公私顒祝實非尋常退而宅節亦均添昇平之化融然濊然否承大小諸籬各保無事而但此身碌碌一直是草野賤農夫也有何相土敎稼之能而令執事每稱之以吾東復起虞夏之農師至使地方之官皀蓋頻煩於陋巷又有道司存訊之擧惶縮之極不知所以爲何也旣欺人矣似此不已則將難免於欺 君之罪矣至此而令執事亦不免於薦選不公之譏也後勿爾以致

六

棗口之泡山如何餘在非久科便叓告不備

與李靈山 應仁

居距脩敻面唔之未易固也而以書相存又自未易
是豈兩地之所可堪者乎東望歸雲只自神馳不已
也敬審玆者家居多暇讀家書講家學使先先生之
道燦然復明於世而垂無窮於來後者否閤節且何
如也承大小諸家俱無別故而賤身若干用工在曾
傳及詩書數部者皆棄志於課農之野嘗日小所講
質於先先生之下而若有所悟者便茫然落失且徬
無強輔隨機責勉如是而烏得免於小人之科也其

負先先生敎意之勤極矣異日者將以何顏歸見先
先生於地下也望於講究溫新之暇不我遐棄時惠
相勉以爲攜手同歸之地如何此不惟端戚相救之
義豈非切偲之道也耶幸加諒焉

答柳藎敎 順善

京邸奉唔已作隔歲事千里相思漢江明月常照林
總忽於衙便獲拜惠牘仰審職在春坊竊想盡忠輔
佐使此半島江山將熙皞若堯舜乾坤矣區區欽頌
矣奮在已也承一直是下土賤品也於耕於學無一
透究而惟令執事誤認以有爲旣稱之以農師又許

之以邃學抑或以外親切至之故而愛之深而反溺
於不明耶奉呵奉呵俯詢不辟說先儒之論各自不
同果難曉解然朱先生之最後定論從鄭註且金胡
諸說同一不貳故玆幷寫呈一覽而可知其歸趣也
餘冀仕體節度益益冲裕以副遐悵

鄭康成曰周公遭流言之亂避之而居東都
朱子答蔡仲默書曰不辟之說宜從鄭氏是時三叔
方流言於國周公處兄弟骨肉之間豈應以語言之
故遽興師而誅之聖人氣像大不如此且成王方疑
周公周公固不應不請而自誅若請之於王王亦未

必見從則當時事勢亦未必然雖曰聖人之心公平
正大區區嫌疑自不避但舜避堯之子於南河之南
禹避舜之子於陽城自合如此若居堯之宮逼堯之
子卽爲簒矣或謂成王疑周公故周公居東不幸成
王終不悟不知周公何以處之愚謂周公亦惟盡其
忠誠而已矣
仁山金氏曰古文尚書辟字作辭古文凡君辟刑辟
之辟皆作侵惟此辭此必孔壁書本是避字也辟諧
聲从辵从井皆避之義也
胡氏家錄有言成王疑周公故周公居東苟成王終

七

不悟則王室必危天下必亂周公能盡其忠誠而已聖人與天合一奚容心哉

答李俊秀 光俊

不相討論已月餘矣日僉來斯竟以書至披讀再三無異面討是猶喜也況自故里還而尊少節皆泰平者乎承田事案工交關心史并不專一塾輩與約輩自君之出矣無人規勉亦可憂也而但示以會期不達以是爲屈指而不寐也俯詢大學正心章四有字不必看得太重著於忿懥恐懼憂患好樂之下不得其正之上皆着章句中不能察三字而看之則似好

矣然而朱子之說則以爲四者只要從無處發之不可先有在心下須看有所二字程子之說則以爲這心之正卻如秤一般未有物時秤無不平纔把一物在面上便不平二先生說皆於有字上看得有力且盧王溪金仁山諸說皆祖二先生之說而金說非特於有字上看得有力亦於懥恐樂患四字上又看得有力此非愚昏之所易患辨幸更對欄商如何

答趙進士 希老

信後發春懷戀更切忽奉疏惠以審祥事隔迫靡建之痛益復如新孝思罔極另得不爾也然以孝傷孝先聖有戒幸節哀謹身毋貽憂於冥冥之慈也承歲初雖有約內羣輩之一次會講塾中少輩歲暮皆散歸而尚今不來會子侄輩亦皆以歲拜次各往姻戚故舊家或還或未還而還者亦尚無對案讀書之暇良覺人事之自作紛氿也別幅謬詢足見讀禮之不懈而息有以體踐而不放過之至意也歎尚之極畧以愚見者覆去幸覽擇而且回駁焉

古者代各異廟中古畧之而有同廟各龕之制

母喪畢後祔廟則當祔於父龕母之於父生既齊體死又同穴而同櫝自與子孫之從父祖者禮儀不同

今以未吉祭猶未配之義雖未合於櫝而亦何可不顧齊體之義降就子孫從祔之位而屈於東坐乎

禫祭家禮則大祥後中月而禫註間一月也自喪至此不計閏凡二十七月張子說則三年之喪祥禫閏月亦計之不計閏云者以上文小祥大祥条俱有不計閏三字故亦於禫祭条帶小大祥而一直說去而非謂祥禫之間不計閏也亦計之云者蓋以年數則不計閏以月數則計閏也愚意恐從計閏之說爲好幸更詢于知禮家而行之如何

舅母古禮則無服而開元禮及國制爲緦則恐當從

孚服緦矣
外親適人不降則女子之適人者服於毋以緦亦恐
無妨矣

答金子仁 士元

頃於鄉黌之會稠搖未能穩討相別而歸悵逞倍昔
忽此書惠寫出這時衷蘊讀之屢屢不覺紙毛而墨
渝也信後又動經時月矣未諳玆者大耋萬壽候如
松益茂否膺省下用工節度於來示可見其慥慥不
懈矣卽今吾鄉後進之秀者惟賢者最稱幸益加堅
脊内過庭訓外亦求當時大方之門扶擴大緒以副

朋友之所深望也如承也者於農於學無一所就塾
輩聚散無常只聒我心目而已何况可道哉俯詢數
條顧此僭甚凡百孤陋矣何敢言禮也感相發之勤
畧以臆度者草草覆去覽擇而且駁回焉

立宗禮經曰長子死第二子亦名長子以此推之長
子無後而死而不立後則次子之子不得不奉祖先
祀事

立系後生子則罷系當否晉賀循以從子紘爲子後
晩生子遣紘歸本宗宋胡文定養其兄子寅後生二
子寧宏而以寅爲後愚嘗臆揣之則罷者仍者皆兩

家父相議而爲之若一父死不在則子不可擅自罷
系

禮爲曾祖承重而祖母或母在則其祖母或母服重
服妻不得承重云愚嘗以此答人問矣今夏忠之則
古禮婦人不二斬故婦爲舅姑只服齊衰朞年矣後
世據婦人無統之文刱爲從夫服三年之制以此推
之承曾祖重者之妻勿論祖母或母在與否恐從夫
服三年爲可然亦不敢質言幸廣詢于識禮家而裁
處之也

合窆孔子曰衛人之祔也離之魯人之祔也合之離

者以物隔二棺之間亦一槨中合者幷兩棺置槨中
無物隔之愚恐離之合之俱無害義

祖先忌日若在正至朔望則侵晨出主正寢行忌祭
平明入廟同諸位參薦恐似合禮祭與薦是兩行事
無祝單獻豈謂祭也不可以一日不再祭之說爲據
而闕參於忌祭之位也

父母遺衣服處之果甚難復昔漢朝藏之原廟月出
遊之未知其必是也愚意或濯之以爲子孫之老者
衣服似可然古無其禮亦不敢質言

神主傍題慕齋金先生果有書主身左傍之說而愚

九

曾年問于晦齋李先生則曰當書寫者左衛愚從晦齋說。

答家兒先春

奴馬還送。未幾汝書自衙便付來。以知汝慈氏所愼有效。汝與汝二弟。課讀如前。可感金丈之勤於敎也。塾中諸輩。亦逐日勤學。里人老少之五日一會事。亦不以吾不在而停撤耶。吾八閏後。嫌於請囑。尚未修諸戚黨卿宰家人事。而會試期日在卽。凡百甚窘。然二從叔極力周旋。亦無大關慮也。且科事成不成。一聽於天而已。餘在副紙。姑此不一一。

隣葬。慘矣慘矣。年雖免夭。較殤何異哉。葬出時汝從兄不卽來護耶。何不卽使人問于申丈而行之也。古禮不許女人主葬祭。而無族無戚之葬。里尹主其葬祭。則今此葬有其四從一人矣。四從當爲主。亡者妻不可爲主也。前所後子。兩家旣不以和意相罷。則是情乖恩絶。而又本遠族無服者也。使其本生母回心果難。而今不服斬衰。依然以吉服權主其葬祭事。有何愈於四從之加免麻也。若八後後所後父生子。而本宗絶嗣。遣還本宗。如諸葛亮之遣攀還嗣瑾祀之例。則如是者。雖本服盡之親。據同爨服緦之文。服三月而有官者。卒哭後雖仕進。三年之內。亦不可服純吉。參宴樂。或爲無於禮之禮耶。庾蔚之言。嘗爲父子愛敬兼加。豈得事改便同疎族。亏之繼母嫁。於情爲得云者。正謂此也。

箴

勤箴

惟人之生。勤爲終始。勤與不勤。在心而已。商焉不勤。資路必窒。工焉不勤。技術必拙。農焉不勤。禾麻必荒。士焉不勤。禮義必墜。不惟四必。百爲俱空。在家不孝。在國不忠。兄弟不友。妻子不融。其始也怠。必不克終。然而不亡。未之或聞。惟一是心。造次必勤。

銘

誠齋銘

養父母必誠。事君師必誠。處兄弟必誠。交朋友必誠。御妻子必誠。待宗族必誠。耕讀必誠。憂樂必誠。作事必誠。發言必誠。出處必誠。辭受必誠。誠此十數者。何往不爲。誠所以名吾齋。朝夕視勗誠。

勉窩銘

人有當勿無實希功。人有當爲輕財濟窮。勿之有道。不謀乎利。爲之有道。必察乎義。都在乎志。立之當確。

一〇

篤我誠敬愼其幽獨守我信地拔其流俗我是思勉
銘壁常目

座右銘

理爲人性率性爲道道本乎心其心微妙堯授執中舜益精一湯慄文翼姬思孔述顔樂曾惟思憂孟淑秦坑雖慘宋天必復濂洛關閩相承而作爰及東壤圃晦斯續道不可以復誰之屬亦非高遠莫曰難行希聖希賢在心之誠

記

九皐書塾記

由縣治而二十五里有山曰錦鶴古召文國之都其下也踰都後之麓而東溪八山之下得一皐其名鶴鳴洞者未知何代云之而或者鶴有鳴於是耶蒼翠四環外過之人皆不知其中之小平可垣屋泉又自兩麓出至其前合其流又流而出洞之口合上川而流蓋上川者亦自玆山之東上初麓而至都之西合都前之鑑川而大其流也噫余之家已累世于山之南飛鳳山下佳音里而余生而愚從事斯文未能管窺於古聖賢經綸之學而竟失先世勳業之緖自甘於耕食鑿飮之樂取其幽寂不俗而來字于此已數十載矣是歲春就居之傍未百武而爲子姓肄業之所構成一屋子卽合澗之上而舊名九皐也七閱月而功告訖屋凡八架東西置溫室中開凉軒四架而秋九月始落之扁曰九皐書塾實因其本地之名也非敢自擬於皐鶴聞天之意而取之也然爲吾子孫者居是塾而肄聖賢遺業孶孶不懈以期遠大到得昭廣之域則窮可以善其身達可以善天下而幾墜之先緖乃復振昌矣此非鶴之鳴而聲之聞也耶吾將以是俟勉於後而爲之記刻于楣端

雜著

九皐書塾立約節目

一本塾旣爲學者設矣學者當立約設契而置二案自里中通上下許參其爲上者題名上案其爲下者題名下案且近里及遠方之願附者亦隨其上下而參案事

一擇本里中勤幹者爲塾任塾財滋植調用事

一塾中勸課糾察事擇子弟之年長敦孚周信者主管依節目舉行置冊子二善者書善籍不善者書不善籍每月朔塾長受講一朔之課講畢施賞罰事

一如或有願學之人。貧窮不能者。每論遠近親疎微賤。皆許入學。衣食以塾財調給事。

一人家後進。當以守禮義尚文學爲先。如有荒散不勤。違禮義怠文學者。書不善籍。俟其改而削之。其尤甚而不順父母。不友兄弟。不睦宗族。不婣姻戚。不恤孤窮。斬衰不服。乘喪嫁娶。放出正妻者。塾逐出于塾外。里逐出于里外。又會報于地主官事。

一孝悌是百行之原。當先奬勵篤孝順悌之人。書善籍。如家貧忠養。居喪嚴苦。病中斷指。嘗糞求代。奇異出常者。別以抄錄。每年末塾會于里。里會于坊。報聞于地主官事。

一子弟之勤學攻工者。不暇於農圃。其或質鈍難成者。服田食力可也。而近來世族家。驕怠成習。遊嬉於博奕之場。而反以畝畆爲恥。全不致意。以至於蕩覆世業。是豈曾子耕野。淵明躬稼之餘意耶。如此之類。塾長另加戒勉。甚則會里中父老。施笞嚴懲事。

一同塾不和者。酒色不謹者。以微賤之子慢忽士大之族者。以少凌長者。從其輕重處罰。可以責者責之。可以笞者笞之。使之必改事。

一交朋友有道。責善輔仁。過失相規。道義相仗。德日成而情日親。家國賴以齊治。天地賴以雍熙。其分似疎而實密。其功似約而實博。擇交不可不審。其或柔佞相與。勢利相加者。决不可同學一塾。當絶去塾案事。 三

一鄰里相恤。自是道理。吉凶大事。或以財相扶。或以力相助。若有水火盜賊。亦須極力相救。其或岐視不恤者。塾長警責而不馴。里中父老嚴討而不服。亦當永絶塾案事。

字訓

天理流行。賦予萬物。謂之命。

人所稟受。莫非至善。謂之性。

主於吾身。統乎性情。謂之心。

感物而動。斯性之欲。謂之情。

爲性之質。剛柔強弱善惡。謂之才。

趨向期必。皆由是焉。謂之志。

在人則愛之理。其發則惻隱之情。謂之仁。

行而合宜。毅然有制。謂之義。

爲火之神。在人則恭之理。其發則辭遜之情。謂之禮。

爲水之神。在人則別之理。其發則是非之情。謂之智。

人倫事物當然之理謂之道
行此之道有得於心謂之德
眞實無妄謂之誠
循物無違謂之信
發已自盡謂之忠
無所偏倚謂之中
主一無適謂之敬
天命流行自然之理人所稟受五性具焉謂之天理
人性感物不能無欲耳目鼻口斯欲之動謂之人欲
無爲而爲天理所宜謂之誼

有爲而爲人欲之私謂之利
純粹无妄天理之名謂之善
物我兼照曠然無私謂之公
兇暴無道不善之名謂之惡
蔽於有我不能大公謂之私

右二十五条布在簡策矣人誰不讀而鮮能理會甚非爲學之道玆作帖子抄書之揭諸塾壁使學者常目省察焉

記夢

壬申二月十一日夜座無客兒曹且無一在傍者矣

加祝以成德醮祝以承天之休父命之賓字之所以謹成人之事也

婚姻者合二姓之好以事宗廟繼後世也可不敬哉可不慎哉昏有六禮一曰納采二曰問名三曰納吉四曰納徵五曰請期六曰親迎此古禮也宋時只存納采親迎蓋從簡省也

納幣而成昏奠鴈而親迎禮之序也今俗奠鴈之廳徑行交拜同牢而廢親迎之禮甚不可也其何以變俗復禮而順其序也

男女之父母必無朞以上喪乃可主其冠笄也亦可

其櫜出一封紙與余而其言則一如夢見老人之說矣開其封紙亦如老人之說矣熟察其形貌言動而莫測其行色更欲知其名而終不荅且欲衣鮮衣冠而不肯衣強之則曰人誰不美衣之爲好而服之不稱身之灾也吾豈安心乎終不許乃以麁衣冠使衣之而其翼挽不得而歸曰後幾年自當有更過之路云云矣余將如其言欲試此種於門前之土而收其言以識之

禮畧

冠者成人之始也始加祝以順德再加祝以慎德三

奠後饋。夕奠後饋。饋後皆而哭。
斂束帛以依神。葬木主以依神。
古者。旣用棺。又有槨。今時則槨不用者居多。盖從簡也。其有用槨者。甚得禮之本意也。
葬。古者大夫三月。士踰月。今皆從三月之制。然世俗信術家說。或有過時不葬者。甚可歎也。朱子曰。山水拱揖。草木茂盛之地。可得葬。如斯而已矣。
下柩而贈玄纁。贈而覆土。土纔覆而卽題主。惟恐形歸窀穸。神魂無所湊泊。易爲飄散也。
葬而卽虞。所以安神也。虞必三。盖禮成於三故也。
卒哭者。卒去非時之哭也。貧者不得已而急葬。則急虞。惟卒哭則必俟三月。喪服小記曰。報葬者報虞。三月而卒哭。
卒哭。經帶擫葛。冠衣裳受朞衰。周禮也。而宋禮不然今俗不然。盖畧之也。
祔以孫祔祖也。周禮卒哭而祔。殷人練而祔。孔子雖善殷。然外是則殷禮無徵。今從周禮。
小祥。一周朞而祭。而變練也。首去經。腰擫葛。冠衣裳受以大功衰。婦人腰除經。首擫葛。
夫爲妻。父在爲母。十一月而練。十三月而祥。十五月而禫。爲母心制之名。在禫後。爲本生父母心制之名。在服朞後。
大祥。再周朞而祭。而易素縞麻衣。素縞者。卽禮經祥而縞之意也。冠衣。東方時制。與中國有別。冠則用白笠。網用白。布帶用白布。恐合於時宜。而不悖於古禮也。
二十七月。喪之大限也。宋時二十五月而纖。恐因襲於開元禮之誤。而非禮經禫而纖之意。
中月而禫。是謂二十七月也。自喪至大祥。不計閏。二十五月也。自祥至此。以月計。故計閏也。
踰月而吉祭。吉祭者。三年廢祭之餘。宗廟主改題遞遷。而祫祭之。而卽於吉也。
時祭。用四中月。是謂祭之大者。墓祭用寒食秋夕。其禮殺於家祭也。
忌日祭。古禮則無也。而宋特諸賢義起。故雖祭。無祭名。
祭義曰。君子有終身之喪。忌日之謂也。忌日不用。非不祥也。註。忌日。親之死日。不用。不以此日爲他事也。非不祥。言非以死爲不祥而避之也。
我姑母夫晦齋李先生曰。按文公家禮。忌日只設一

位程子祭禮忌日配祭考妣二家之禮不同盖只設一位禮之正也配祭考妣禮之本於人情者也禮之本於情者亦有所不能已也

祭而澆飯雖未知出於何時然此只是東人俗習也盖生時未必每飯皆澆則祭必澆似無意義

古者庶人薦而不祭士失位無祿則亦薦而不祭

古者三年喪內雖廢先祭然今人居喪不能一一從古禮獨於廢祭一事謂禮也則其可乎未葬前準禮廢之卒哭後則節祀及忌祭墓祭使服輕者行薦無服輕者以平凉子布網巾布深衣行祭饌品減於平時只一獻不讀祝似合於情而不悖於禮也 以下缺

齋居謾錄

天地之理無窮而氣隨之天地之氣無窮而理乘之故理氣不可斯須相離也

人受天地之中而生以心統性情性也者人之理也情也者人之氣也

心包天地之大而藏之方寸爲一身之主宰故曰天君也

其謂爲之君則國無二君而但一心之中有人心道心常以道心出令而人心聽從焉則理氣順而百體莫不受其職矣

道非高遠即在乎當行其所以爲行亦在乎教而已矣

中庸曰天命之謂性率性之謂道修道之謂教

教之不難使人知父子之分則可以親矣知君臣之分則可以義矣知夫婦之分則可以別矣知長幼之分則可以序矣知朋友之分則可以信矣

知是五倫然後可以知人之爲最貴於萬物之中也將此最貴之身不行最貴之事可謂人乎哉

孟子曰逸居而無教則近於禽獸矣

人有君子小人慼慼者小人也坦坦者君子也慼慼之心常爲惡而猶恐人知坦坦之心常爲善而不患人不知也

善者天以福報之惡者天以禍報之

見善可揚揚於路人見惡可隱隱於父子

漢昭烈戒子書曰勿謂善小而不爲勿謂惡小而爲之 以下缺

鶴川先生遺集卷之一

鶴川先生遺集卷之二

附錄

遺事

府君諱承宇纘之號鶴川姓朴氏咸陽人

鼻祖新羅王第三子速咸大君而速咸卽今咸陽

十四代祖諱善始仕高麗朝文科官至禮部尚書封咸陽君 贈樞密院事

十三代祖諱仁挺文科禮部尚書 贈樞密院事

十二代祖諱信淸文科禮部尚書檢校神虎衛將軍 贈樞密院事

十一代祖諱允禎文科判戶部尚書府卿致仕贈知門下省事

十代祖諱臣蕤文科判戶部尚書樞密院事以討平湖南賊之勳封凝川君 贈上柱國判三司事

九代祖諱之亮文科金紫光祿大夫上柱國判三司事以討賊勳 賜金牌印封咸陽君又有功於至元間天子 賜金符授萬夫將

八代祖諱琮官中郎將自安義移居義城

七代祖諱元科官典客令

六代祖諱斯直官判戶部事

五代祖諱允厚官中郎將

高祖諱咸陽號琴隱鄭圃隱門人麗亾以韋布寒士隱居樂道哉 太祖大王以有文武全才特徵爲元帥屢樹戰勳歷敭東西淸班聲振中外官至吏曹參判

曾祖諱冲武官江界判官東征北伐皆捷奏錄原從勳

祖諱有阜文科司直望佩山斗世所稱聞韶八阜之首

考諱景信號氷巖官 貞陵參奉與從妹夫晦齋李彥迪爲道義交

妣令人東萊鄭氏監察琦之女仁淑貞靜有古姜嫄之德

皇明正德十五年中宗十五年庚辰二月十二日生于聞韶之佳音土峴里第嘗母夫人夢有一偉夫人謂曰我姜姓人也聞鄭夫人多積蔭德而來因出藥水瓶傾一勺而贈之曰飮此母固辭不獲而受飮之則香氣滿身而有娠至是父夢有一偉大人多率下隷以壯威儀而來曰我世所謂后稷者

也聞汝有至德久矣而晚今爲祔坐未定因鷄鳴
聲覺起內室有解娩之報
府君於晦齋李先生婦從侄也又於益齋崔相國
淑生婦從侄也翌年辛巳晦翁上京時歷八見府
君頷廣目瑩骨格豐俊聲音喤宏喜曰此兒必將
昌大朴氏之門從五六年益齋翁駕臨亦謂曰此
兒尚幼穉而屹如巨人之志遊嬉好種樹將必修
后稷之業大異之
七歲上學不煩提督而解義甚精暇以率同學諸
兒上家後山取平廣土厚處畫以爲屋屋傍又畫

田畝計諸兒數而成之以一兒分擔一屋一田已
亦擔有田屋各一而使諸兒各採苗木而合之周
種於已屋以爲籬又使摘茅實代穀種耕播已田
第次分與于各兒所擔屋田播植之其計畫調備
便成法度雖老農莫之能家大人甚愛之鄉里見
者皆以神童稱
十三四歲已通孝經論語大學中庸亦能解孟子
井徹法義又讀書傳講究一朔朞三百度數昭然
分釋歎閏月成歲之理師亟稱其早就也
府君之從子長春愚泉少府君三歲自八學同師

同塾以至老白首無言不相討無事不相論
十六歲聘夫人永川李氏夫人牛巖進士諱世憲
之女仁淑有禮範是歲秋往拜從姑夫晦齋李先
生
自是每讀聖賢書凡治身治家治民治農緊要語
必籍記而置諸案以爲觀省踐履之資持心處事
必以誠敬而已
丙申上書于晦齋先生問尚書疑義先生答書亟
獎其致策農業蘊蓄之意也
事親必以志體事兄如事親孝悌克盡而親嘗有

疾漸至危劇每泄痢嘗其甜苦爲壇于屋後淨潔
之地每夜半汲井華水一盆置諸壇上沐浴冠帶
焚香祝天凡百餘日而病得瘳人皆以爲孝感於
天也
戊戌題讀書室三誠齋作銘以自警而又作自警
文一篇
是年上書于晦齋先生京邸又上書于益齋崔相
國兩先生答書皆以爲忠君愛民之意隱然露出
於言辭之間又曰后稷之業將可復見也
二十歲時受尊府命分戶移去名文之鶴尾洞洞

卽從高祖咸陽郡事諱精已奠基也其孫參奉諱
景章年老而子女俱無府君待之如親父及卒也
斂殯葬祭備盡情禮使無遺憾後遭天地否未葬
之前不下殯廳攀擗號踊水醬不入口卒哭後有
時或往來私家而二十里之路雖或遇雨雪不一
日滯宿闕參朝夕上食晨昏號哭哀毁踰制墓所
在十里之遠而每一月限六日省哭不以雨雪風
而或廢禫後未吉祭之前亦不食魚肉伯仲叔諸
府君益憐而重之
嘗以親命俯治擧子業亦不甚用力益篤修己治

人興農之事課學之暇相地之宜敎坊民稼穡法
且如天文地理醫經算術弓馬行陣靡不旁工究
知以贍所蓄
丁未晦齋先生西遷時路定聞韶歷入于家見其
志意範圍之不小因加勉之曰愼終如始
癸丑往王山拜從姑母哭先生李氏公靈几因得
復上書于先生配所
乙卯黃錦溪後良來訪時黃公宰新寧縣也自是
每於本宅之行必歷入
辛酉建書塾于宅傍越溪而九皐上爲來學者讀

書之所梁頌悔堂申丈元祿撰也記文自作也立
約如安定胡公湖學又聚一方大小民人議設規
例遵藍田呂氏鄕約而亦參古酌今編爲一冊名
曰約書增刪嚴條約以身先之而以化風俗出田
一百斗落穀一百斛錢一百緡附爲塾財置有司
二典穀二以爲滋殖聘塾師一以敎學者每月每
五經日而府君一出席聽講學徒五箇日所讀而
賞罰之
翼年春又建齋三間于塾東而翼之棄庫四間于
塾西而翼之齋記屬上舍金公得研作之乃手書
立約節目十条字訓二十五条揭諸塾堂壁令約

人及學徒常目焉
其或有孤窮無依託處者領學焉則必以塾財衣
之食之而使之勤學塾不能容而才德之士多出
於塾
癸亥春往問黃錦溪病于桃李院路次蓋黃公自
星州任所發病辭歸時也其未及家而歿深加痛
惜
嘗以富國安民之策之多方硏究者至是編成爲
一号名曰農家要覽又作勤箴揭于塾壁使學徒

與約中人朝夕視爲警所居室扁曰勉窩作銘以自勉又於古書中纂輯孝友睦婣任恤之切要語間亦附己語而編爲一冊名曰六行新篇

學者問仕府君曰孟子曰士之仕也猶農夫之耕也遂纂登仕行政之要兼編輯一冊名曰政策纂要

每使約人勉農曰農天下之大命書曰食乃民天傳曰民事不可緩也周公作七月篇以稼穡艱難戒成王而况居野食力者其可不倍務乎

全三省問存心府君曰心者主宰一身酬酢萬變者也具衆理而虛盈不昧該體用而神妙莫測人苟操也心安有不存人苟舍也心安有不亾者哉程子所謂聖賢千言萬語只是欲人將已放之心反復入身來者范浚心箴曰君子存誠克念克敬天君泰然百體從令

洪慶承問養性府君曰天之所賦於人而人之所稟於天者是性也降衷之初無有不善故聖此性愚此性也但氣質所稟雖或未善而不害性之本善性雖本善而省察矯揉之功亦不可少懈苟能身以率之以盡健順之德使外物無蔽其間則庶不失自家良性而有以全天命之本然矣

趙希老問禮府君曰禮者出於情而當於義也遂纂四禮畧一冊又著存養錄一卷

一日李先後問中庸致中和天地位萬物育府君曰致中和一箇誠而已不誠則無物天地不能位萬物不能育

錦溪黃丈嘗於書面之間必稱歎之曰吾復見東壤后稷之業

悔堂申丈每語於人曰朴某經濟一世之志於洞

約塾約可見矣

崔司諫景洪亦常稱之以吾東復作虞夏之農師使地方官道司多有存問之擧

柳應教順善遺書稱農師又許邃學至有詢不辭訪

閔縣監世貞曰朴某之學將見用而任農官則田野大闢而百姓復謠康衢煙月矣

松隱金丈曰朴某敎人崇學興農之方著生於陶唐虞夏之際當修后稷之業

庚午以繡衣薦 除厚陵參奉不就

辛未林葛川薰來訪林公時爲比安倅公暇過從以頻數也

壬申二月十二日府君五十三歲生辰也有一老人如昨夜夢中見者來援一封稻蔈種曰如斯如斯受以試之於里前水田穀種於田堤而種下生種三四年之内廣盛於四境而爲利於農家大矣洞約人皆曰其老人必是神人也名其稻曰正金祖者神人自九月山中正金洞而來云故也又名其初種地曰稻岱

是年參長川書院慕齋晦齋兩先生立享禮

嘗自戊己之後每當窮節以塾廩之穀賑給約内大小人之貧苦者又散其餘賑恤遐邇四窮之來告者又當飢饉之歲設粥哺流丐蒙活者衆矣

甲戌以正金租三百斛輔克國庫丙子五百斛又加輔克 上嘉其賑濟之義納輔之誠卽加階修義副尉而將有陞用之意

萬曆五年宣祖十年丁丑齋居講道作座右銘揭諸壁又作謾錄而未卒業七月念間病卧自知其不可起招從子長春申託曰吾以縣南諸坊里之糴糴不優畧有經紀而事巨謀拙尚未克就汝之力量智畧吾雖十駕不及惟心則吾汝也汝吾也汝加極力舒用塾財而亟圖之又戒諸子曰吾語汝害者多積胷中而氣引舌強不能發音姑置之特戒汝勿嗜酒酒者伐性之狂藥嗜飲失性者非吾子孫也又顧眄曰汝毋氏在座否因謂曰夫人善教釋孫男女又曰夫人甲日在未四朔之内而吾不與共嘗兒子輩之廚供是一恨也又曰今俗用置妻服一襲於夫棺内夫服一襲於妻棺内甚悖禮也惟夫人愼勿使用之也又曰禮男子不絶於女子之手女子不絶於男子之手夫人卽移處内

室也因令子侄輩更席就卧逌然而逝卽八月二日也享年僅五十八也遠近奔哭者皆曰明師隕矣活佛亡矣越十月壬午窆于家後鶴嵋山卯向之原會葬者數百人

府君之殁今三年于玆而不肖輩不卽減畧延視息恐遺事之久而或爽實而母夫人以晝哭過度添卧牀席伯兄過哀致疾不堪把筆仲兄連泪湯爐無有暫暇使余收合家庭之各自散句所錄信從諸人之見聞所記刪疊彙實条列序次編爲遺事一通恭俟立言君子財擇焉孤榮春泣血謹書

右吾王考鶴川府君遺事而吾先子草土中所
編纂者也嗚乎府君之志事行治粹然一出於
浚仁高義而妙齡之時已見許於晦齋李先生
盎齋崔相國諸大賢也又為莫逆於黃錦溪申
悔堂諸君子也其經綸施設無非濟世興學之
大規模也講究編輯亦莫非百世可程之大文
字也而窮達有命雖未見用於時王而匡救一
世行之一方一方敦化而天又不假之以年壓
得五十八算而歿壽不稱德歿後十五年壬辰
島夷猖獗 大駕播遷我伯考時任司僕而殉

於城陷之日先君率家僮數百赴義陣家又在
為賊要衝之地賊火于家仲考中傷而歿家藏
什物盡為煨燼府君遺稿之見錄遺事中者無
一卷半書之得保而惟齋居謾錄之所起草休
紙不為灰者只有十五条也詩數首箴一銘三
塾記塾節目字訓記夢諸篇幸在於三從叔月
巖公夢琚雜草紙中書牘略干帖與禮略上篇
覔得於趙上舍希老家此則上舍丈從學之日
手抄用工而下篇未暇草耶其外約書增删六
行新篇農家要覽政範纂要存養錄諸卷及詩

書文雜稿更無由尋得此不獨吾一家罔極之
痛而已竊為後世慨惜者也當日信從之徒或
有草騰藏守於亂離遠竄之餘而以遺保者否
姑以此大族之支孫濟謹識

行狀　尹國馨 達村 工曹判書

鶴川先生朴公諱承字纘之朴本新羅宗姓第三
公子受封速咸速咸今咸陽而後孫因以為貫焉
高麗時有諱善文科禮部尚書咸陽君 贈樞密
院事四傳至諱臣甤文科判戶部尚書樞密院事
以討平南賊勳封凝川君 贈上柱國判三司事

生六子皆以爵勳顯而第三子諱之亮文科金紫
光祿大夫上柱國判三司事東征樹勳 賜金牌
印封咸陽郡又有功於至元間 天子 賜金符授
萬夫將長子諱琮官中郞將自安義移居義城四
傳至諱成陽號琴隱師事鄭圃隱先生及圃翁卒
無意於世隱居樂道我 太祖王屢徵不起適有
南邊之憂 朝廷以為有文武全才特薦為元帥
乃應 命歷事 四朝官至吏曹參判而功存社
稷德被生民世稱國初名賢於公為高祖也曾祖
諱冲武官江界判官東征北伐皆捷奏錄原從勳

二一

祖諱有阜文科司直世所稱聞韶八阜之首也考諱景信官　貞陵參奉與從妹夫晦齋李彦迪爲道義交而號氷巖晦翁之所稱許也妣令人東萊鄭氏監察琦之女仁淑貞靜有古姜嫄之德　有明正德十五年庚辰二月十二日丑時公生于義城之佳音土峴里第鄭夫人嘗夢受飮姜嫄之贈香藥水一勺而因娠釋娩之晨氷巖公夢延后稷於座甚異事也公生而秀特廣額隆準眉目瑩朗從姑夫李晦齋先生嘗臨撫而喜曰他日朴門之昌大必此兒也盎齋崔贊成淑生亦於公從姑夫

也公五六歲時亦臨撫而謂曰此兒尚乳幼而屹如巨人之志又好種植將必修成后稷之業七歲始受讀書不待深敎而釋義已明書字運筆必正不差一畫工暇與同學諸兒登家後山畫地爲屋爲田計諸兒數成之而使之各擔一屋一田又採苗木摘茅實分給諸兒使環植各其屋爲籬耕播各其田爲種其設備次序咢咢有法度見者皆謂神童十三四歲孝經論語大學中庸無不講熟而尤致意於鄒傳井徹之義潛究精透深得其要領又究尚書朞三百度數未一朔豁然貫通歎聞月

成歲之理師亟稱其早就盖生平濟世興學之意蘊蓄腔肚而不要一事輕脫不容一書放過者其端已見於此矣乙未春加布于首秋往拜晦齋先生講學數旬而還自是每讀聖賢書凡治身治家治民治農之切要語必劄錄又錄誠敬二字于籤以爲常目之資持心處事一以和信爲主氷巖公嘗病欲嘗糞甜苦設壇于屋北潔處每夜子時奠井華水一盆于壇上沐浴冠帶炷香禱天百餘日而病果效人皆以爲孝感於天也戊戌題誠齋二字于讀書室作銘以自警又作自警文一篇貼于

壁二十歲時氷巖公命分戶于召文之鶴尾洞洞卽從高祖咸陽郡事諱稽已奠基也其孫參奉諱景章年老其配夫人聞韶金氏亦老而無有一育矣公待之若親爺孃其卒也殮殯葬祭誠愼盡禮遂伸情義而俾無憾其遭內外艱攀擗號踊水漿不口葬後禫前只蔬食水飮而雖病篤絶不食葷桂之屬卒祔後雖或有私家之行二堠之竟間或遇雨不滯宿一日而闕參於朝夕哭與饋奠在十里之遠而每一朔限六日省哭雪雨不廢禫後未吉祭之前不食魚肉伯仲諸公甚憐而重之嘗

以親命工公車業亦不專力惟勤於修己治人與農之事相地之宜敎野民稼穡法且如星緯堪輿醫文算數弓馬行陣無不看究透研以當所當了未晦翁西遷路過訪公歎公大經綸大範圍而因加勗之曰愼終如始癸丑以晦翁李氏登吊行兼拜從姑母又得便上書于晦翁配所乙卯黃錦溪俊良來訪盖黃公寀新寧時也自是書與面必源源也辛酉起塾于所居之傍九皐因地名扁之與來學之徒立約定規一如胡安定湖學又聚一方大小民人設行呂藍田鄉約之規而參酌古今編

成一号名之曰約書增刪又出田百斗落租百斛錢百緡以爲塾財而滋殖之又置塾師敎率諸生而每一月公必出席受講五箇日讀做量其才賞罰之翌年春又建齋三間于塾東築庫四間于塾西手書立約節目字訓諸條貼于塾壁使約人學徒觀省焉其或有願學而無依托處者必納以衣食之俾勤其學塾不能容癸亥春黃錦溪自星州任所發病辭歸路由桃李院公往診于路次又聞其未至家旋歿之報淚加痛惜所居室題揭勉窩作銘以自勉勉人之資又嘗采輯古人孝友睦婣

任恤之切要語編爲一冊名之曰六行新篇亦嘗以富國安民之策積久研究而編成一号名之以農家要覽又作勸箴以警學徒與約中人學者問仕公曰孟子曰士之仕也猶農夫之耕也遂輯登仕爲政之要策編以名之曰政策纂要趙君希老問禮公曰禮者出於情而當於義遂纂四禮略二卷庚午以繡薦除　厚陵參奉不就辛未以安倅林葛川薰來訪自是公暇頻從多論養士興農治政之事壬申仲春旬二日公生朝也有一客來者如過夜夢見老人而以稆敎小匣授之其言亦如

夢中所道者乃試之於門外空地種下生種不幾年而大爲民利洞約人知其爲神人之助名其稆曰正金盖其人來自九月山正金洞而不言姓名故也又名其始試地曰稆坮是年長川書院慕晦兩先生立享時公與余同參盖此院之始終尸其事申悔堂元祿也嘗自書塾立約之後每節窮發廩賑約內貧乏者又廣恤四窮之來告者且當飢歲設粥哺流丐賴活甚衆甲戌丙子兩年以正金租八百斛輸充國庫　上嘉其賑濟之義納輔之誠卽加階修義副尉而將有大用之意丁丑齋居

講道作座右銘因作謾錄而未卒業七月疾作無
旬調攝自知其不可起八月二日招從子長春曰
吾與汝倫雖叔侄齒間三歲自幼同塾義兼用友
心則一也力量智畧則汝勝我百倍也吾嘗憂縣
南去邑稍遠糶糴不便營設一倉而未克就汝體
吾意紓用塾財而亟圖之也又戒諸子曰吾語汝
書者雖多而舌縮不能發音姑置之嘗以戒酒者
特舉戒之汝其慎之慎之酒者亡身亡家亡國之
物也嗜酒失性者非吾子孫也因謂配夫人曰吾
歿孫稺又曰今俗用妻服一襲於夫棺内夫服一

襲於妻棺内悖禮甚矣惟夫人慎勿用此例也令
子侄輩更席就卧恬然而終享年五十八訃聞遐
邇咸曰明師隕矣活佛亡矣十月壬午葬于鶴嵋
谷向卯之原嗚乎公自幼遊嬉服食未嘗咈親意
又蒙晦老盎翁之期許勉奬七八歲時學習之勤
田屋之戲已見大意而稍長晨昏定省之勞不任
伯仲而自任愈誠庋閣之供常有餘味親常有索
即曰有也已或有疾則力疾作笑容不令親知親
或有病藥餌祈禱竟獲天感及喪誠慎茹素三年
伯仲叔父母之喪雖過朞服闋之後三年之内不

肴華鮮不參吉禮事四從大父母如事親父母及
没喪葬奠祭諸節俾無憾事伯仲叔兄惟謹每
事必咨稟非甚害道理必從無違居室和而敬未
嘗見褻慢之色閨門之内肅然若朝廷焉對嫂叔
必斂容絶席不作閑說話處宗族務全恩愛族戚
及鄰里之孤兒無託者必收育而嫁娶之訓子侄
嚴而有恩子侄輩皆馴率不違大有聲譽於鄉黨
此則其内行之純也公用工刻苦與從子長春同
處一室難疑論講若用友相善而少嘗以親命雖
同治舉業亦不欲以一藝一善成名沽譽而做眞

實切近之事窮濟世安民之策况潛貫通以立己
志又博覽歷代乘史天地理醫算兵馬諸書而鷄
鳴即起整齊衣冠繙閱所讀必思古人之何者爲
善何者爲不善而由博致約由粗入精修之篤而
所知日廣愛汎親仁取友必審或以道義或以經
綸氣槩而相與磨礱切偲樂而不厭此則其宅心
之正交遊之端而不惑於偏私也公興學興農息
瞬不怠愈益勞篤必欲復三古遺制而深究于尚
書堯舜典與洪範毛詩周召南與七月篇鄒傳井
徵經界諸文深義尚師關中夫子往觀乎壤箕子

井制遺墟。乃設塾立約。遵胡安定湖學。呂藍田鄕
約。而朝廷雖有一命之除。不肯旋就。益自篤志懋
學。敎耕。濟窮恤孤。孜孜不息。而其塾約節目。勤箴
誠齋銘。勉窩銘。約書增刪。農家要覽。六行新篇。政
策纂要等文。盡皆切要於出仕治平之資也。惟天
有感。使神人授助正全之種。始自稆㭄。傳播境內。
而以之而輔充國庫。 聖上嘉賞而升資。晦老盛
翁皆曰。忠君愛民之意。溢於言外。又曰。后稷之業。
今復可見。金松隱先粹中。梅堂黃錦溪。林葛川。崔
司諫景洪。閔縣監世貞。或曰。東壤后稷之業。曰。經

濟一世之志。於洞塾約可見。曰。復作虞夏農師。曰。
將見用於國。而任農官。則百姓復謠康衢烟月。曰。
崇學治農之方。著生於三代之時。當修后稷之業。
此則其經綸大志之蓄於中。而成於事爲也。塾約
旣完。益勵自修敎人之方。日用動作。云爲之間。和
敬兩至。造次不離於正。而退邇信從。隨問隨答。各
極其趣。以歸至當者矣。柳應敎順善。以書稱農師。
又稱遂學而至詢。不辟之說。公以朱子答蔡仲默
書。金仁山胡氏家錄諸說答之。李使君光俊問中
庸致中和天地位萬物育。公曰。致中和一箇誠而

已。不誠則無物。天地不能位。萬物不能育。洪君慶
承問養性。公曰。天之所賦於人。而人之所稟於天
者。是性也。降衷之初。無有不善。故聖此性。愚此性
也。但氣質所稟。雖或未善。而不害性之本善。雖本
善而省察矯揉之功。亦不可少懈。苟能身以率之。
以盡健順之德。使外物無蔽其間。則庶不失自家
良性。而有以全天命之本然矣。金君三省問存心。
公曰。心者主宰一身。酬酢萬變者也。具衆理而虛
靈不昧。該體用而神妙莫測。人苟操也。心安有不
存。人苟舍也。心安有不亾者哉。程子所謂聖賢千

言萬語。只是欲人將已放之心。反復入身來者。遂
著存養錄一卷。又作座右銘。此則窮理造道。粹然
以躋于昭曠者也。嗚乎惜哉。公用意至實。志張子
之所志。業后稷之所業。所學所行所事所欲。無非
佐王興治。使吾王爲虞夏之聖。而九臯天遠。鳴鶴
晩聞。 朝廷將有大用之意。而天不假之以年。何
也。公始嘗自號曰誠齋。中而曰勉窩。旋復因其居
地之在鶴嵋山下川上。而曰鶴川。蓋欲泯其標榜
也。公娶永川李氏進士世憲之女。婉而有度。克稱
德配。先公三年而生。後公十二年而卒。祔葬公墓

左生三男長先春司僕寺正次應春義禁府都事次榮春判事公之歿忽忽已十有五年矣而長春氏亦七旬老矣懼夫公德義之盛心法之微或爲泯泯而無傳也屬國馨以狀之曰墓誌則李上舍山岳雖已有撰而季子榮春之所錄遺事散句無序而姑未有纂成一通矣子其念哉顧國馨無似見知於公叔姪者久矣每見公居室之壁誠遂萬物敬閑億邪八字之貼而知公之學一於誠敬也論治平經濟之策而知公之道根於誠敬也今觀李庠誌銘因其學者之所私稱而稱之曰文義先

生此古者鄉先生沒其鄉之人士得以私謚而尊之以代國家之政令如陶靖節王文中徐節孝之類抑或爲布衣之一權故也耶玆不辭謹撰次終始大畧以竢夫知德者裁擇焉

右故鶴川先生速咸朴公之狀而吾先君子所撰者也公之曾孫宗敏甫以鈔齡拔涉千里而來眼汝漣洏而曰蒙家遺壬丁燹禍曾王考遺文實蹟盡失無餘而先判書公撰狀正本亦不得守保此孱孫窮天極地之痛也惟台監家或遺有草本也否余卽袞其誠而搜出於散褭亂册之中謹手寫一本以歸之而若其言行德業之盛備載狀中矣更不敢贅焉資憲大夫原任刑曹判書兼至義禁府事五衛都總府都總管坡平尹義立謹書

墓誌銘 幷序

公諱承宇纘之號鶴川姓朴爲貫咸陽者新羅王第三子受封速咸而今咸陽也高麗時有諱善文科禮部尚書樞密院事歷四世諱臣甤文科判吏部尚書樞密院事以討賊勳封凝川君子諱之亮文科金紫光祿大夫判三司事以討倭勳 王賜

金牌印封咸陽君又有功於至元間天子 賜金符授萬夫將歷五世諱成陽號琴隱鄭圃隱門人我 太祖大王以公才全文武特徵爲元帥屢樹戰勳歷敭東西清班聲振中外官至吏曹參判生諱冲武江界判官東征北伐皆捷奏錄原從勳於公爲高曾祖也祖諱有阜文科司直世所稱閒韶八阜之首也考諱景信號氷巖官參奉與從妹夫晦齋李彥迪爲道義交妣東萊鄭氏監察琦之女以 正德庚辰二月十二日公生于佳音土峴里第母夫人夢有一偉夫人贈藥水一勺曰飲此受

飮之削香氣滿身而有娠至是大人公夢有一偉
丈人駕鶴臨曰我世所稱后稷者也聞汝有至德久
矣而今始來訪俄而公出幼而屹如巨人之志好
種植與羣兒日登家後山平阜畫地爲屋爲田分
與一兒一屋一田己有一屋一田而令諸曹合力
採木環植於己屋摘茅實代穀種耕播己田第次
分給種植於各其所擔屋田翯翯有法度及上學
不煩提督而解義甚精大人公甚愛之鄕里皆謂
神童十二三歲已通孝經論語亦能解鄒傳幷徹
法義尙書朞三百度數旣壯事親奉兄愈愛愈敬

孝友融洽親嘗遘疾甚危公嘗糞祈天竟以獲瘳
人以爲孝感所致弱冠時以大人公命分戶移住
於名文之鶴尾洞先時公之從高祖咸陽郡事諱
精己字於此洞而其孫參奉諱景章老而無子公
事之如父及歿殯葬備禮俾無遺憾後遭內外艱
葬前不出殯門外喊易備至虞祔後或往來私家
家距雖二堠之遠未嘗一日留宿於家而闕參於
朝夕哭上食禮每一月六上塚哭雖雪雨而不廢
茹素終三年伯仲諸公益重之嘗學問之暇敎坊
民稼穡法又建塾於里右九皐上扁曰九皐書塾

聚一方大小人民議設塾約及洞約規例一如安
定胡公湖學藍田呂氏鄕約而間或因時制宜編
爲一号名之曰約書增刪嚴條約以身先之而俾
化俗以五箇日爲定式公聽講而賞罰之且欲學
而孤窮無托者以塾財衣食之而使之勸學塾不
能容而才德之士多出門下庚午以繡衣薦　除
厚陵參奉不就嘗得稻種於神人初試之於里前
水田種下生種三四年之內廣盛於四境而大爲
民利時人稱其稻曰正金租盖神人自九月山中
正金洞而來云故以爲名也又稱其初種地曰稻

垈甲戌以正金租三百斛輔充國庫丙子五百斛
又加輔充先是每當窮節發塾廩賑給約內窮家
又散其餘賑恤遠近貧苦之來告者又當凶荒之
年設粥哺流丐所全活甚衆　上嘉之丙子納粟
之後卽陞資修義副尉丁丑病卧兼旬自知其不
可起招從子長春謂曰吾以治南諸坊之糶糴不
便畧有經紀而未就汝之力量智略吾所不及者
也汝以吾心爲心敎用塾財而亟圖之言訖逌然
而逝乃八月二日也遠近奔哭者皆曰明師隕矣
祏佛亾矣以是歲十月日葬于家後鶴嵋山酉坐

之原送者數百人於乎公以后稷後身經綸滿腹
纔學語步便行后稷之事及學於父師孝友睦婣
任恤之道存養修齊治平之學透踏實地設塾立
約敎方治術傚於周宋又得嘉穀之種傳播四境
以爲生民之利而以之輔國以之濟衆薄儒之輩
莫不敦立以此才德智仁之明且哲焉出爲時用
則使吾君爲堯舜而后稷遺業復興於吾半島之
國而命與仇謀處藏遐鄕壽遽促而業未卒竟以
微銜下秩而沒何其惜哉雖然自少已屢蒙李晦
齋先生之獎翊崔益齋相國亦以爲大用之才且

公所著有約書增刪六行新篇啟策纂要農家要
覽四禮畧存養錄自警文箴銘諸卷足可爲師範
百世而後之學者尊之以鄕先生義起而祭於社
者也歟公娶永川李進士世憲之女育三男長允
春次應春季榮春榮春氏以公遺籍文字及家鄕
諸賢門生子侄各畧錄言行志事德業者出示余
曰世知吾先人者不謂不多而其最深知者莫吾
子若幸無靳一言于阡逕嗚乎余無似在戚屬之
末常侍坐於辟咡之筵問難質疑如昨日事而奄
題墓乎銘曰

朴肇于羅聖神繼作建八公子受封分籍降自王
麗及于我國惟戚之系延綿奕禩琴翁英績氷爺
至德是家公生實惟天錫胚胎之始夢感后稷幼
戲田壟便成法則夙抱經綸就學益篤庭趨詩禮
野敎稼穡慥慥不息透詣奧極親病祈天親沒泣
血于友于睦乃婣乃恤設塾九皐立約於塾民不
厭倦士不厭學規過恤難賞善罰惡貧窮賴活孤
惸有托魯宋遺風三古淳俗神人來助嘉種又得
稆岱之野正金穢穢以之納國八百其斛　王若
曰嘉野有良粥將欲大用先加微秩天胡嗇壽有

徵未出士痛摧梁民失晝佛然公化雨不沫一域
人謂我公后稷業績我謂我公后稷之精古無后
稷民不知耕今無我公稆不生成遺文盈筐百世
爲程其道禮義其學治平學者私諡文義先生祭
社崇報於禮則宜鶴峒之山有屹封塋我銘于隧
以俟公辞

萬曆十六年戊子重陽戚裔進士廣州李山岳謹撰

嗚乎此吾先大考鶴川府君墓誌而自牧堂李
公山岳所撰也府君晦齋李先生之徒也而誌
中不以歸重於府君初年問難質疑則雖非不

數而晦翁竄配後未暇於暮朝陪侍講磨之故也耶晦翁之没也府君有奠文而經亂之後兩家皆失傳無由得其自處之如何且李公草誌之日不肖年幼又瞢未敢與問誌成後未幾月日而公遽没矣不肖無窮之恨于今六十有餘年而死且朝暮矣玆敢不揆僭妄書此所恨以俟來世尚論者如何云爾不肖孫混天謹識

別廟奉安文　李宜淼 近仁堂

恭惟先靈托在玆岡寓慕松楸餘二百霜代雖及祧禮宜躋堂事力不逮權安外廊薦灌興俯情文未揚在我後裔詎無靈傷旣狀詢謀經始脩梁厥土背卯厥位面陽旬吊逢科近接桑鄉子姓咸集位置更張吉蠲遷安時日孔良縟儀載陳感慕彌長其始自今神理宜康

墓碣銘 幷序

鶴川先生朴公衣舃之藏在鶴嵋山坐酉原十二代孫世煐懼碣面頑泐方謀改竪請顯詩于相圭辭不獲謹按其遺事而敍之曰先生諱承字纘之號鶴川朴氏之貫咸陽自新羅王子速咸大君始世以爵勳顯于麗高祖諱成陽仕我鮮至吏參謚定憲號琴隱曾祖諱冲武判官錄京從勳祖諱有阜司直考諱景信參奉號氷巖妣令人東萊鄭氏監察琦之女仁淑有壼範　中宗庚辰氷巖公夢后稷而生公幼有巨人之志方隊遊畫地而爲屋爲田與諸兒各擔一區耕耘栽植井井有條緒見者異之旣長就學長於推究未成童通經傳如朞三百度數井田制醫方算術兵馬行陣之法無不博通而精解晦齋李先生盎齋崔相公皆以經世之具期詡之公至孝天出事親盡愛敬親患泄痢嘗糞以驗劇歇設壇祈天百餘日竟獲良已及後遭艱守制甚苦口不水醬者踰月不魚肉者三年事伯仲兄如父怡怡如也早治工令業知其無益而已之晩以繡薦　除齋郎不就專心於修身治家育英濟衆之業而以敦倫力穡爲本建塾立約會一方人士而講勉之其曰約書增刪六行新篇字訓禮畧存養錄農家要覽政策纂要等書皆出於躬行心得之餘而思與人兼善者也黃錦溪先生歎曰吾復見東邦后稷之業梅堂申公曰朴某經世之志於塾約可見閔公世貞曰朴某任農官則百姓復謠康衢烟月嘗夢有一神人云自九

月山正金洞而來授稆敘各一封既覺果有以二
穀至者公勸人播種歲比登稔遂名其稆曰正金
置廩于塾以供塾士之貧者蓄其餘歲飢則賑濟
之後以租八百斛獻國庫 上嘉之除修義副尉
其兆將大用而不偉以丁丑八月二日終於第有
后稷之志而無后稷之位不得致一世於唐虞之
盛良足以興千古志士之恨也夫公娶永川李氏
斗巖世憲女婉而有度克稱德配墓祔左生三男
光春司僕寺正 贈戶參應春禁府都事榮春判
事 贈戶議戶參一男混天僉樞女崔雲起都事

二男洙瀷女朴文涵王無玷朴天極戶議七男潤
沃僉正潔訓導灝禮賓寺副正濟瀅溫女黃大壽
張乃昌曾玄以下不錄銘曰
正經界興學校橫渠志也經義齋治事齋湖州塾
也懿公之學其揆一也顧時非虞夏官無后稷天
何心降公于衰叔聞韶之野正金穢穢誦公德者
能不永慕此玄宅

永嘉后人權相圭謹撰

墓碣改竪告由文

伏以府君后稷巨志有莘先覺幼好種植壯欲施
博晦老獎勉益翁稱重誠以爲體敬以爲用設塾
立約信從者衆志橫渠志教安定教敎化一域有
鬱其效神人有耿稆敘穰溢國廩獻克坊民賑活
王用嘉賞郎銜加秩擬將大用壽何遽倏抱道
未宣爲世增惜遺文經亂存一失百尹狀李誌幸
脫燹酷凡百云爲一出敬誠鄉人私諡文義先生
鶴嵋之陽瑩齋并明別廟于齋貞珉于塋鶴水澄
清鶴山崢嶸歲垂三百廟毀珉泐尚論興吁來裔
愴惕況今世道桑田海碧廟雖權行珉寧不勒玆
謀于族招工琢琢銘亦用新湫檟增色事工旣竣

霜露節值虔告厥由兼修歲事伏惟尊靈終古憑
倚謹以清酌庶羞菸伸感慕尚饗

歲癸未十月庚申朔二十六日乙酉

十二世嗣孫世煥謹撰

鶴川先生遺集卷之二終

跋

嗚乎我先祖鶴川府君以后稷後身早志於道設塾立約興學興農成就得濟世安民之業而　國家方欲大用　召命纔下大限遽迫沒後未十五年執徐之難遺文實蹟之爲後世法正者盡灾於酷燹其後或搜得於當日及門世家斷爛古紙中者只詩書箴銘若干首塾記塾節目字訓記夢禮略上篇齋居謾錄十數條幷附錄遺事狀誌三件文而惟其約書增刪農家要覽六行新篇政策纂要存養錄禮略下篇等諸編幷莫得以尋逐可勝惜哉然惟此所收拾者常以零星而置而不刋布則亦安知能保守於今日滄桑浩劫之中哉乃釐爲二卷一冊而幷付改碣文字以石版摹出雖不若鋟梓之爲全完庶或洩累世未遑之恨玆敢忘僭畧識顚委府君之不壽而道未大施於國天也遺蹟之失有得一天也逸稿之始鐫於今日者天也天其悔禍於前而感發於後也否嗚乎歟矣十二世嗣孫世煥謹書

識

此吾先祖鶴川先生實蹟之萬一也噫天之生先生始若有爲而終也不壽道義德業不得溥施於當日天下又未幾遭壬燹遺文至論之可法於後曰天下者沒數灰燼其後三百餘載之間苟誠搜得者只此厪厪爾先父老常以厪厪爲痛惜而族或更有加覓之幸久停鋟布卽今世道長夜猶此厪厪者亦難保傳我先君以是大懼臨末申託宗兄世煥氏且命不肖以合刀焉宗兄受託加勤使族弟燉醵金於合族始克刋出嗚乎晩矣先生之道將庶幾復明於後古之無窮也耶刋竣益感先君之遺命宗兄之血忱敢附一言于卷末云爾朝鮮花葉曆丁亥歲端陽節後孫春燮謹識

右吾先祖文義先生逸稿也先生之經綸事業直與古后稷同一其道而但不得后稷之位旣不能溥施黌濟沒後未幾遭龍蛇大亂遺箱諸篇之將爲法於天下後世者盡失於劫燹而門先父老之所嘗鋦索於當日及門世家者雖不過泰山之毫芒亦可爲一臠於全鼎矣宗兄世煥氏乃繕寫一通而合附錄爲二卷一冊受族叔秀榮氏臨末速刋之託嘗之數年因命燉輩甚督燉聞命惕然卽謀于合族與族兄魯煥氏族侄在韶族孫重錫幷力就事十閱月而乃刋出焉古所謂至澤不掩斬神文不全朽者誠是也耶

盖此書之始印於數百年後今日之日者。豈出於宗兄血誠之篤也。玆敢略記始卒。以寓無窮之感。丁亥天中節。后孫墩謹識。

鶴川先生遺集